Inhalt

Voigt – Ein Vorwort   9
Karls Enkel   14
Aufzug ins Schlaraffenland   26
Alles, was ein Bier braucht, ist Krug   34
Der Ostdeutsche im Sitzschlaf   42
Eine Straße ins Nichts   52
Die Helden sind müde   62
Turbulenz in der Kontaktzone   66
0/1/12/6   72
Kugel im Kopf   78
Sehnsucht nach Unsterblichkeit   83
»Lassen Sie mal, Pannecke, das wird schon!«   92
Weniger plaudern – mehr Rock 'n' Roll!   98
Vielleicht Rosenrabatten   104
Ein Sandkorn im Getriebe   110
»Mal sehen, wie schnell sie den Hentschel vergessen.«   117
Trubel in der Stube   124
Die letzten Opfer des Rosa Riesen   130
Nicht schlimmer als die Russen   137
Niemand nennt seinen Sohn Waldemar   143
Sorgfältig, umgehend, schnellstmöglich   150
Broiler für die Kurden   155
»Serviert denen um Himmels willen keinen Lachs!«   161
Lange Schicht   170
Keine Popelstraße, kein Las Vegas   176
Nennen wir es Mißgunst   183
Messer im Ranzen   189
Ein kurzes Dunkel   195

Für Florian und seine Mutter

Voigt – Ein Vorwort

Manchmal denke ich an Voigt. Ich glaube, er hieß Voigt, seinen Vornamen habe ich vergessen. Voigt war ein kleiner, mitunter reichlich zerstreut wirkender Mann, man sagte, er sei Country-Fan, und einmal traf ich ihn am hellerlichten Tage sturzbetrunken im Fußgängertunnel, der uns in den Verlag brachte, damals, als die meisten von uns noch keine Autos hatten.

Irgendwann war Voigt auf die Idee gekommen, Journalist zu werden. Vielleicht hatte man ihn überredet. Wie auch immer, der Mann konnte nicht schreiben. Das war nicht unbedingt vonnöten, um in der DDR einen Redakteursposten zu ergattern. Doch mitunter fiel es unangenehm auf.

Zunächst kam Voigt durchaus über die Runden. Er arbeitete im Kreisbüro einer SED-Bezirkszeitung im Norden der Republik. Dort hatten er und seine Kollegen täglich eine Seite zu füllen. Das war bequem zu schaffen. Voigt glich mangelndes Talent wahrscheinlich durch Emsigkeit und sicherlich auch durch die nötige Portion Unterwürfigkeit aus. Solange, bis jemand aus Berlin einen erfahrenen Redakteur für seine Abteilung brauchte. Weiß der Teufel, wie er auf Voigt kam. Jedenfalls hatte der kleine Mann aus dem Norden nicht die Kraft, das verlockende Angebot aus Berlin auszuschlagen. Das war sein Verhängnis.

Voigt kam, sah und verlor. Er stolperte über eine

Reportage, die ihm eigentlich einen guten Einstand verschaffen sollte. Eine ganze Seite überließ man ihm, um über das pralle Kulturangebot im jungen Neubaustadtbezirk Marzahn zu berichten. Er hätte nur ein paar Jugendklubs abgrasen, ein paar Volkskünstler befragen oder ein Arbeitertheater besuchen müssen, um die nette, unverbindliche Reportage schreiben zu können, die man von ihm erwartete. Er hatte kein Fabuliertalent, kannte sich nicht in Berlin aus und war es nicht gewohnt, ganze Zeitungsseiten zu füllen.

Voigt lief ins offene Messer.

Er schrieb nichts Kritisches, das hätte man schon zu verhindern gewußt. Er verfaßte einen knochentrockenen Bericht, in dem keine Menschen vorkamen, und er tat das in einer Sprache, die einem langweiligen Funktionär zur Ehre gereicht hätte. Es war einfach grauenhaft.

Voigt war tot. Er war der Redaktionstrottel. Irgendwie merkte er das wohl. Er kam mit der Kälte nicht zurecht, ließ sich gehen, und eines Tages teilte er seine Kündigung mit. Nur hatte man ihm inzwischen eine Wohnung besorgt. Keine besondere, so ein Neubauding. Voigt hatte offenbar nicht vor, dort auszuziehen. Die Redaktion fühlte sich betrogen, die Partei fühlte sich übertölpelt. Damals, als sie noch immer recht hatte. Voigt, der inzwischen Lagerarbeiter beim Obst- und Gemüsehandel war, sollte vors Parteigericht. Der kleine Mann kam nicht. Die Genossen saßen da, um Gericht zu halten, und der Angeklagte erschien einfach nicht. Ein Schlag ins Gesicht der revolutionären Vorhut, die einen neuen Verhandlungstermin festlegte. Wieder saßen die Parteijournalisten um den Konferenztisch, wieder erschien der Genosse vom Obst- und Gemüsehandel nicht.

Vermutlich hatte er Angst. Er war nicht der

größte Rhetoriker, und er war allein. Die Genossen aber waren wütend. »Wieso lassen wir uns von so einer Pfeife verarschen«, grunzte der Abteilungsleiter, der Voigt seinerzeit in die Redaktion geholt hatte. »Der Versager klaut uns hier unsere Zeit«, brüllte ein anderer Abteilungsleiter. Damals, als über 100 Mitarbeiter täglich eine achtseitige Zeitung fertigzustellen hatten, die überdies zu großen Teilen aus öffentlichen Verlautbarungen bestand. Man konnte sich nicht lächerlich machen lassen, von so einer Pfeife. Ein letzter Termin wurde festgelegt. Die Gesichter der Genossen waren grimmig. Es würde nicht bei einer Rüge bleiben. Jetzt nicht mehr. Ausschluß, die schlimmste aller Parteistrafen, drohte.

Voigt kam. Er hatte einen Parteisekretär vom Obst- und Gemüsehandel mitgebracht, der allein vom Umstand, das erste Mal im Konferenzraum einer großen Tageszeitung zu sitzen, ziemlich beeindruckt war. Die Verstärkung war keine Verstärkung. Voigt blieb auf sich allein gestellt.

Das Überraschende war, daß Voigt, der nun wirklich nichts mehr zu verlieren hatte, Genosse bleiben wollte. Er kämpfte um seine Mitgliedschaft in einer Partei, die nichts mehr tun konnte für ihn. Lagerarbeiter hatten in der Regel keine Vorteile, wenn sie das SED-Mitgliedsbuch in der Tasche trugen. Sie mußten lediglich den Spott ihrer Kollegen ertragen. Voigt kämpfte offenbar der Sache wegen. Er gewann schließlich. Die Genossen machten es ihm nicht leicht. Sie warfen ihm die fadenscheinigsten Verfehlungen vor. Allein der Umstand, daß Voigt nicht das Naheliegende tat und austrat, warf sie wohl um, sie, die doch zumeist nur eingetreten waren, weil es ihrer Karriere diente.

So kam es, daß das Tribunal dem kleinen Ex-

Redakteur mit knapper Mehrheit den Verbleib im Kampfbund zugestand. Voigt schritt mit erhobenem Haupt zu den Kartoffelkisten. Die Redakteure aber gingen mit gemischten Gefühlen daran, die Zeitungsleser anzulügen. Wettbewerbsnachrichten waren zu verfassen, Leitartikel zu schreiben, Reden der Parteiführung mit kämpferischen Überschriften zu versehen. Am nächsten Tag hatten sie den eigenartigen Mecklenburger vergessen.

Vermutlich gäbe es schlimmere Geschichten zu erzählen aus jenen Tagen. Ich habe sie aufgeschrieben, weil sie typisch ist. Und weil ich am Tisch saß, der über Voigt zu richten hatte. Ich habe kein Wort gesagt damals, dabei habe ich genauso gefühlt wie heute. Der Mann tat mir leid, und ich war wütend auf die großmäuligen Abteilungsleiter und die eifrigen Redakteure, die Voigt allerlei Unsinn vorwarfen.

Abends, in der Badewanne, habe ich lautlose Verteidigungsreden für Voigt geschwungen, habe die gewissenlosen Berufsrevolutionäre mutig an den Pranger gestellt. Manchmal träumte ich davon, wie ich all diesen ekelhaften Karrieristen die Wahrheit brutal ins Gesicht schleudere.

Am nächsten Morgen bin ich dann aufgestanden, zur Arbeit gefahren und habe den Mund gehalten. Ich bin durch marode Betriebshallen gelaufen, an wütenden Arbeitern vorbei und habe ihren Direktoren Erfolgsmeldungen abgefordert. In der Mittagspause habe ich meinem Kollegen das Herz ausgeschüttet, und er mir seins, da waren wir wütend, und nachher holten wir uns noch ein Eis, die Kugel 15 Pfennig, und träumten beim Schlecken davon, eine Kneipe aufzumachen, in der Rock 'n' Roll-Musik gespielt wird. Dann fehlte eine Wettbewerbsnachricht für

Seite 1, wir griffen zu den Telefonen, um sie zu besorgen. Das ist meine Schuld.

Ich versuche, sie mir von der Seele zu schreiben in meinen Reportagen. Ich kenne die Leute, die heute in den Direktorensesseln sitzen, von früher. Ich kenne sie aus meiner Redaktion. Ich habe kein Mitleid mit ihnen. Ich habe kein Mitleid mit mir.

Berlin, 15. Januar 1992

Karls Enkel

Das Dorf Marxwalde versucht, mit
seinem Namen auch seine Probleme
loszuwerden

> *»Sein Name wird durch die Jahrhunderte
> fortleben und so auch sein Werk.«*
> Friedrich Engels, 1883 am Grab von Karl Marx

Es gibt ein paar Rätsel um den Marxkopf. Fest steht: An einem Morgen des revolutionären Herbstes fand man ihn eingeschlagen neben dem Sockel liegend. Bürgermeister Lier sagt, er sei von allein runtergefallen, das habe die Kriminalpolizei herausgefunden. Die meisten meinen aber, er ist zerdroschen worden, im revolutionären Übermut. Jedenfalls ist er jetzt weg. Und nur noch der Sockel steht da, mit dem Namen des alten, bärtigen Philosophen. »Wenn die Umstände danach sind, werden wir die restaurierte Büste wieder auf den Sockel stellen«, sagt der Bürgermeister. So genau weiß er nicht, wo und ob sie restauriert wird. Und es ist zu bezweifeln, daß die Umstände jemals wieder danach sein werden. Das weiß auch der Bürgermeister.

Im Anschlagkasten vorm Marxwalder Lebensmittelladen hängt eine Mitteilung von ihm. »Der Landrat des Kreises Seelow hat unserem Antrag auf Umbenennung der Gemeinde zugestimmt. Somit heißen wir ab 1.1.1991 nicht mehr Marxwalde, sondern Neuhardenberg.« Es bleibt ein wenig Papierkram. Die Kopfbögen der Gemeindeformulare sind zu ändern, die Personalausweise. Und natürlich benachrichtigt man die Verwandtschaft vom Adressenwechsel. Damit die Osterkarte auch ankommt. Dann aber sind die Marxwalder längst geworden, was sie vor der Umbenennung

1949 bereits einmal waren, Neuhardenberger. Dem Namen nach.

Im April 1968 schrieb ein DDR-Journalist: »Marx' revolutionäre Ideen leben auch in Marxwalde im Denken und Handeln der Bürger für Sozialismus und Frieden.«

»Ich bin parteilos«, hält Bürgermeister Lier fest. Als wäre das eine Antwort. Er ist so ein kleiner Gewitzter, mit bauernschlauen Schweinsaugen, der nicht lacht, sondern schmunzelt und auch mal laut werden kann, wenn's unpassend ist. Einer von der Sorte, die ungefragt zugibt, parteilos zu sein und auch die Nachfrage ohne rote Ohren und Stammeln übersteht. »Natürlich war ich in der SED, mußte ich ja als stellvertretender Bürgermeister.« Er war auch Parteisekretär, hat verschiedene Parteischulen besucht, sich qualifiziert und von Parteiaufträgen hin- und herschubsen lassen. Aber Lier war bei allem Ehrgeiz (»Sie haben mir vor jedem Parteischulbesuch versprochen, danach wirst du Bürgermeister. Und nie hat's geklappt.«) immer auch ein bißchen stur, hat so manchen Parteibeschluß nicht verstanden, das auch gesagt und den Bürgern zugehört. Weil er wußte, wie es steht, hat er sein Parteibuch auf den Tisch geknallt, als die anderen Ratsmitglieder Egon Krenz noch an den Lippen hingen. Das hat ihm Minuspunkte beim alten Bürgermeister eingebracht, aber Pluspunkte im Dorf. So ist er gewählt worden. Als parteiloser Bürgermeister.

Er behauptet wie so viele heute: »Ich habe abgeschlossen.« Und raunt fünf Sätze später: »Wissen Sie, was mich heute noch ärgert. Ich habe mich abgerackert für den Ort. Und den Vaterländischen Verdienstorden hat '88 der Bürgermeister gekriegt, der Stalinist.« Lier ist ein Schlitzohr, aber ein hemdsärmeliges. Er ist viel zu leicht zu durchschauen, um als Seilschafter verdächtig zu sein. Vielleicht ist er der Typ Mensch, den dieser Ort jetzt braucht. Einer, der zur Tagesordnung übergehen kann. Der nachts schlafen kann, weil er keine Gewissensbisse hat.

Marxwalde tut sich ein wenig schwer damit, zur Tagesordnung überzugehen. Die Vergangenheit kämpft mit der Zukunft. Die Zentralgaststätte, das erste Haus am Platz, empfiehlt Paulaner, die Videotheken »Tango und Cash«, die Pommes-Bude Cheeseburger und die Autowerkstatt VAG-Versicherungen. Die Schule heißt Marchlewski, der Kindergarten Matrjoschka, die Hauptstraße Karl-Marx-Straße, und Bürgermeister Lier raucht F 6. Und die 3 750 Marxwalder sind zerstritten, verfeindet, gespalten. Zwei Drittel von ihnen brachte die NVA, die hier einen Flugplatz betrieb, der Rest sind die aus dem Dorf. Sie waren Rivalen über lange Jahre. Und sind es geblieben.

Das lag vor allem an den Wohnungen. Wenn hier ein Armist herzog, bekam er in kürzester Zeit eine Bleibe, die Dörfler warteten jahrelang. 580 Wohnungen wurden in den letzten zehn Jahren gebaut. 500 für die NVA, 80 fürs Dorf. Das schürte Haß. Nach und nach wuchsen Grenzen in der Gemeinde. Die Armisten zogen sich in ihre Ghettos zurück, das »Pentagon« und die »Wohnzone«.

Die Zentralgaststätte war Dorfhochburg. Wenn sich hierher mal ein Offizier verirrte, saß er allein am Tisch. Mindestens das. Die Älteren ließen's meist dabei. Man grüßte sich nicht und war getrennt vom Kneipentisch. Die Jüngeren hauten sich auch mal auf den Mund. »Was denkst'n du, in den 70ern, wenn sich da einer von uns in die Wohnzone verirrt hatte, gab's Dresche. Manchen haben sie an den Füßen aufgehängt«, erinnert sich Norbert Kienitz. Kippt sein drittes Bier, knallt drei

Mark auf den Tisch. Und meint beim Gehen: »Umgekehrt war's aber genauso.«

Es ist sieben, und die Kneipe wird schon leerer. Man trinkt auf dem Dorf früher als in der Stadt. Jetzt, wo Norbert weg ist, haben sich die beiden am Tisch schon gar nichts mehr zu sagen. Bei der Begrüßung haben sie ihr ganzes Pulver verschossen. »Bist du schon lange hier?« »Nö!« Dann gukken sie ins Bierglas, qualmen eine Karo nach der anderen. Der Flipperautomat rattert, zwei Wessis, die sich auf unerklärliche Weise hierher verirrt haben, zahlen ihr Steak mit Pommes. Der Wirt schaltet das Licht im Saal nebenan aus (»kommt eh keiner mehr«). Von der Musikbox hat sich irgend jemand »Stille Nacht« gewünscht und hinten in der Ecke unterhalten sich vier Vierziger seit einer halben Stunde über ihre Videoerfahrungen. »Die hatte ein paar Dinger, das ist unklar.« Um 21 Uhr sitzt hier keiner mehr.

»Die hängen jetzt doch alle zu Hause rum«, klärt mich mein Tischnachbar in einem Anfall von Redseligkeit auf. »Zu Hause saufen ist billiger. Früher hast du hier keinen Platz gekriegt. Aber jetzt haben sie nicht mal mehr Frankfurter Bier.« Er trinkt auch das andere, teurere. Früher, sagt er, war sowieso mehr los. Er redet wie ein alter Mann und ist 28. Keine Hoffnung mehr.

Einen Jugendklub hatten sie sich aufgebaut, und im Sommer haben Bands gespielt. »Wahkonda aus Frankfurt, Regenbogen aus Berlin«, sagt er, und es klingt, als waren die Stones in Marxwalde. »Jetzt ziehen die ganzen Jungen weg. Kann ja nicht jeder 'ne Videothek aufmachen oder 'ne Pommesbude. Und die Armee macht dicht und meine LPG garantiert auch.« Dann wird er wieder schweigsam. Nickt, als der Wirt mit dem nächsten Viertelliter naht.

Im vorigen November fand man einen erschossenen Soldaten vorm Kasernentor. »Die Dorfler«, dachten alle. Einige sprachen's auch aus. Später bei der Untersuchung stellte sich heraus, daß sich der Soldat selbst umgebracht hatte, weil ihm sein Mädchen davongelaufen war.

In der Friedrich-Engels-Straße, Wohnzone, hockt Günther Lange zwischen seinen Erinnerungen. In einem kleinen Zimmer der Vierraumwohnung hat er sich gewissermaßen ein Traditionskabinett eingerichtet. Zwischen Bierbämbeln und -dosen hängen Wimpel, Fotos, Urkunden, Medaillen, an der Decke baumeln Modelle von Militärflugzeugen. Lange war Flieger. Staffelkommandeur des Jagdfluggeschwaders Marxwalde, in seinen besten Zeiten. Ist zusammen mit Sigmund Jähn in einer Staffel geflogen. Igendwann machte die Bandscheibe nicht mehr mit, da wurde er Fluglehrer. Jetzt ist das Jagdfluggeschwader aufgelöst, seit Oktober ist er arbeitslos: Oberstleutnant a. D., 53 Jahre alt.

»Zuerst habe ich es noch als Urlaub betrachtet, nun begreife ich langsam«, erzählt der kleine Mann. 1961 zog er nach Marxwalde, der Ort spielte nie eine Rolle für ihn, ein Schlafplatz zwischen den Flügen, mehr nicht. Auch für die Familie hatte er kaum Zeit. »Ich war Flieger mit Leib und Seele.« Müde hängt er im muffigen Sofa, zwischen den Stickkissen. Neben ihm in der Stube quält sich die Frau mit Rückenschmerzen. Seit zwei Jahren schleppt sie sich von einem Arzt zum anderen. Wenig Aussicht auf Besserung. Der Junge schläft noch hier, arbeitet in der LPG und steht kurz vor der Arbeitslosigkeit.

Lange hat noch sein »Buch der guten Taten«. Im obersten Fach des Regals zwischen zwei Blechfässern Kulmbacher Bier hat er's aufgebaut. Vergilbte

Erinnerungen, sorgsam notiert, ausgeschnitten, aufgemalt und aufgeklebt. »Hier, das war in Kasachstan, und da Sigmund Jähn und hier die erste MiG, die wir bekamen. Ach ja!« Versonnen blättert er in den brüchigen Seiten, blättert sein Leben durch.

Politik. Na ja. Der Sozialismus sei nicht schlecht, sagt der Mann. Außerdem hatte er seinen Klassenauftrag. Und viele Freunde in der Sowjetunion. »Ich habe vor allem deshalb zuletzt vieles nicht mehr verstanden. Aber darum ging's ja auch nicht. Meine Sache war das Fliegen.« Und jetzt? »Ich habe mal mit dem Bürgermeister gesprochen. Der hat gesagt, er hätte was für mich. Vier Stunden am Tag. Da würde ich mich schon noch mal ein bißchen nützlich machen.«

Später sagt uns Bürgermeister Lier, daß er Lange vielleicht als Heizer oder Hausmeister unterbringen kann. »Was anderes ist nicht drin, der hat doch nichts gelernt, der Mann.«

Als er uns zur Tür bringt, rafft sich Flieger Lange noch einmal auf: »Wenn ich noch mal 20 wäre, ich würde alles genauso machen.« An der Garderobe, neben dem Spiegel, hängt ein Hochglanzfoto von Jähn und Bykowski. Der erste Deutsche im All hat draufgekritzelt: »Für Günther Lange, meinen alten Freund und treuen Kampfgefährten.«

Die Armee hat nicht viel getan für den Ort. Wohnblöcke hingesetzt, das war's. So hing vieles von der LPG ab, dem anderen Arbeitgeber im Ort. Doch dort arbeiteten Bauern und keine Architekten oder Landschaftsgestalter. Man sieht es im Dorf. Zwischen den alten Bauernhäusern in der Karl-Marx-Straße steht seit 1988 das Jugend- und Freizeitzentrum. Ein grauenvoller Zweistöcker, mit Schwimmhallenwellendach, halbverspiegelten Fensterscheiben, gelb-rot getünchter Fassade und schmiedeeisernen Laternen im Vorgarten. Ein Wahrzeichen sozialistischer Baukultur auf dem Lande, das weiterleben wird. Die Fahnenmasten stehen noch da. Und alle waren so stolz auf diese Errungenschaft. Dabei hatten die Marxwalder eigentlich nie so richtig was von Kegelbahn und Sauna. In der Vorwende vergnügten sich dort vor allem Kreis- und Bezirksbonzen, und jetzt gibt hier keiner mehr die wertvolle Mark für solchen Luxus aus. Das millionenschwere Monster gähnt vor sich hin. Keiner kann es unterhalten.

»Natürlich kann es passieren, daß ich mal zehntausend Nasse mache. Aber erstens habe ich genug auf der Kante, und zweitens greift spätestens im Sommer die Konjunktur.« Hans-Jürgen Plehn, Wirt und auch bald Besitzer der Zentralgaststätte, ist Optimist. Im Augenblick sieht's nicht ganz so gut aus. Von den 11 000 Mark Umsatz, die er im vorigen Monat gemacht hat, bleibt nach Abzug aller Kosten praktisch nichts mehr. »Die Leute trinken jetzt nicht, die warten erst mal ab. Aber unsere Chance ist der Tourismus.« Im Sommer kommen die Wessis, ist er sich sicher. »Ich hab' den Parkplatz vor der Tür, das Schloß gegenüber, dann stelle ich ein paar Tische auf den Rasen. Das werden wir schon hinkriegen.« Den alten Tanzsaal nebenan hat er schon mal für den Ansturm gerüstet. »Ist doch sehr gemütlich geworden, nicht?« Sperrholzgetäfelte Decke, Mobiliar wie aus dem Klub der Bezirksparteischule und ein paar Reproduktionen an der grünen Wand. Auch auf das, was man so gemütlich findet, waren die 40 Jahre nicht ohne Einfluß. Kerstin, die einzige Kellnerin in der Zentralgaststätte, muß den Rock so kurz wie möglich tragen. Sie kann es sich wenigstens leisten.

Marxwalde hatte noch Glück. 1988 fanden hier

die 11. Kulturfestspiele der sozialistischen Landwirtschaft statt. Da die Parteiführung die regionale Ausstrahlung solcher Ereignisse immer ein wenig überschätzte, wurden keine Mittel gescheut, um die historische Festspielstätte standesgemäß aufzupolieren. In jenen Tagen wurden der Schloßpark in Ordnung gebracht, das Schloß Hardenberg selbst wieder hergerichtet, saubere Kieswege angelegt, die Straßen ausgebessert und viele Fassaden erneuert. Die Gemeinde hielt das Niveau bis zum heutigen Tag. Es ist sauber in Marxwalde. Glück gehabt. Denn schon die 12. Kulturfestspiele der sozialistischen Landwirtschaft sollte es nicht mehr geben.

»An uns Genossenschaftsbauern hat's nicht gelegen, daß der Sozialismus gescheitert ist.« Müde sitzt der Chef der Marxwalder Pflanzenproduzenten hinterm toten Dispatchermikrofon. Wir wissen beide, daß seine Tage gezählt sind. Es ist ein Scheißspiel. Das Mikrofon schweigt und schweigt, und Agraringenieur Roland Fischer erzählt mir irgend etwas über die guten Seiten des Leninschen Genossenschaftsplans. Und die schlechten. Vor allem aber über die guten. »Es hat Spaß gemacht, das alles mit aufzubauen, das war lohnenswert und zukunftsträchtig, und wir haben ja auch was geschaffen.« Das klingt ein wenig, als läge ein entsicherter Revolver in der obersten Schublade seines Schreibtisches bereit.

Die LPG steht vorm Knockout. Günstigenfalls muß man nur die Hälfte der Bauern entlassen. Nur zwei wollen es als Privatbauern wagen, die anderen 400 haben Angst, die genossenschaftliche Gemeinschaft zu verlassen. Fischer sieht für sich keine Perspektive mehr. »Ich bin 51, war hier immer Leiter und auch lange Jahre Ratsmitglied, was soll's.« Hinter ihm hängt eine DDR-Karte.

»Nicht ganz aktuell, was?« versuche ich einen Scherz. »Was soll ich noch groß umräumen, für die drei Wochen, die ich noch hier sitze«, ächzt Fischer. Gar nicht komisch.

Ursprünglich sollte es einen Volksentscheid über die Namensänderung geben. Doch man fürchtete im Rat, daß die NVA-Mehrheit aus den Wohnzonen zu stark an Marxwalde hängt. Also stimmte man in der Gemeindevertretung ab. Die Motive sind durchaus ehrenwert. Man bewies durch alte Chroniken, daß der Name 1949 keineswegs freiwillige gewählt wurde. Auch Carl-Hans Graf v. Hardenberg erwies sich beim genaueren Geschichtsstudium als durchaus ehrenwerter Namenspatron. Immerhin gehörte der Graf zum engeren Kreis der Verschworenen um Stauffenberg, sein Schloß diente als konspirativer Treff, und die Nazis steckten den Grafen nach dem gescheiterten Hitler-Attentat ins KZ Sachsenhausen. Schließlich verspricht man sich vom neuen Namen mehr Zugkraft für die eigenen Produkte. »Gemüse aus Neuhardenberg verkauft sich garantiert besser als Gemüse aus Marxwalde«, meint der Bürgermeister. Und Gastwirt Plehn glaubt, daß ein historischer Name mehr Touristen in seine Gaststätte lockt.

»Ich denke, man hätte das Geld, das für die Namensänderung draufgeht, sinnvoller nutzen können«, ärgert sich Oberstleutnant Hans-Jürgen Röchow. Er hat kürzlich die Uniformjacke seines bisherigen Klassenfeindes übergestreift und verwaltet als stellvertretender Kommandant die Reste des Marxwalder Fluggeschwaders. Die Regierungsstaffel ist aufgelöst, die Jagdflugzeuge werden zur Zeit verschrottet, die Zukunft der Transportflugzeuge ist ungewiß. Der Oberstleutnant denkt, daß der Flugplatz auch von der Bundeswehr genutzt wird und will sich »weiterhin einbringen«. »Man kann doch die Technik nicht sich selbst überlassen.« Alles andere sei eine moralische Frage, beantwortet er meinen fragenden Blick. Staatsbürger in Uniform, meint der Offizier, sei ein Nenner, auf den er sich einigen könnte. Und was ist mit der Vergangenheit? »Da hat es falsche Vorstellungen gegeben.«

So kommen wir nicht weiter. In seinem Zimmer hängt ein Bild, das einen Sowjetsoldaten dabei zeigt, wie er einem NVA-Waffenbruder bei einer Panne hilft. Als ich frage, ob er es abhängen würde, wenn's gefordert wird, wird er warm. Er habe das Bild selbst gemalt, im Zeichenzirkel. »Vielleicht würde ich es abhängen und zu Hause wieder aufhängen. Mensch, verstehen Sie nicht? Ich muß hier meinen Dienst machen und meine ideologischen Überzeugungen draußen lassen. Ich weiß nicht, ob das funktioniert. Aber ich versuch's. Schließlich habe ich auf der Militärakademie nicht nur Politunterricht gehabt.«

In Bürgermeister Liers Büro hängt ein kuscheliger Wandteppich mit dem Stadtwappen von Haminkeln. »Das ist unsere Patengemeinde in Nordrhein-Westfalen«, berichtet Lier stolz. »Haben sie uns geschenkt, den Teppich. Bei einem meiner Besuche dort. Ich bin oft da, man kann eine ganze Menge lernen. Eine vorbildliche Gemeinde, die müßten Sie mal sehen.« Ich kann mir schon vorstellen, wie's dort aussieht. Geleckt. Und Lier möchte, daß es so wird wie in Haminkeln.

Zu Pfarrer v. Essens Christenlehre kommt jetzt ab und an auch ein Kind aus der Wohnzone. Nur einmal vor der Wende, erzählt der Pfarrer, habe es einen Fall gegeben, wo ein Mann Christ und Offizier sein wollte. »Den haben sie so fertiggemacht, daß er sich nie wieder hierhertraute.« Von Essen ist 33 und hat vor vier Jahren hier seine erste Gemeinde übernommen. Ein schönes Gemeindehaus, eine Kirche, die Schinkel entworfen hat, eine herrliche Landschaft drumherum, das heimatliche Berlin nicht allzuweit weg und ein Ort, dessen Bürger verfeindet sind und in dem man als Pfarrer allein deshalb bespitzelt wurde, weil man in der Nähe des Regierungsflughafens predigte. Eine reizvolle Aufgabe mithin.

Er hat das alles durchgestanden, hatte zur Belohnung volle Kirchen im Herbst 89 und jetzt, wie gesagt, die ersten Offizierskinder in der Christenlehre. Er sieht all die psychologischen Narben, die 40 Jahre Marxwalde bei den Leuten hinterlassen haben, und fürchtet sich vor neuen. Wenn die große Arbeitslosigkeit kommt. »Ich halte die sozialistischen Ideale für weit besser als die, denen wir jetzt nachhängen«, ist des Pfarrers bemerkenswerte Erkenntnis. »Die Idee hat viel Erhaltenswertes.« Martin v. Essen gibt zu, daß der Gedanke zur Zeit nicht sonderlich populär ist. Und er spricht ihn auch nicht öffentlich aus. »Weil es grausam ist, was aus der Idee gemacht wurde. Und diesen Unterschied zu erkennen, fällt nicht leicht. Zumal auch Marx' Lehre entscheidende Fehler hatte.« Im Nebenzimmer übt seine Frau mit den Kindern Weihnachtslieder.

Wenn Marx' revolutionärer Geist das Denken und Handeln der Marxwalder irgendwann einmal bestimmt haben sollte, dann ist nicht viel zurückgeblieben davon. Ihr Frust, ihr Optimismus, ihre Hoffnungslosigkeit, ihre Freude und ihre Unsicherheit haben wenig mit Marx zu tun, sagen die Leute. Bestimmt wäre es ihnen auch leichter gefallen, sich von einem Namenspatron aus der jüngeren Vergangenheit zu trennen. Vermuten wir es einmal.

Abends. Die Videorecorder laufen, die Wecker werden gestellt. Der Wirt der Zentralgaststätte sperrt die Kneipentür zu. »Ach wissen Sie, von mir aus hätte es ruhig noch ein paar Jahre länger Sozialismus geben können. Dann hätte ich meinen Sack zugehabt.«

Er bringt es auf den Punkt, Karl.

5. Dezember 1990

Aufzug ins Schlaraffenland
In der Freßetage des KaDeWe kann der feinnervige Völler sein Gewissen beruhigen

Es ist fast Weihnachten, die Sowjetunion friert und hungert. Uns geht's verhältnismäßig gut, wir sind mehr oder weniger rührselig. Wir spenden. Schnell entschlossen oder nachdenklich, anonym oder geltungshungrig, aus tiefster Überzeugung, oder weil wir unser Gewissen erleichtern wollen. Wir zählen die Münzen dabei, oder auch nicht. Klar spenden wir, nur angestoßen werden wollen wir schon. Wir brauchen Aufrufe und Aushänge, Telefon- und Kontonummern, Aktionen und aussagekräftige Fotos.

Symbole sind auch gut. Das KaDeWe beispielsweise hielt in den Vorweihnachtstagen ein paar Quadratmeter hochwertiger Verkaufsfläche für ein anstoßendes Symbol frei. Kurz vor den kostspieligen mannshohen Weihnachtspyramiden, unweit der Parfümabteilung, gleich neben den Juwelen, unmittelbar hinter der Eingangstür plazierte man einen »Trabi-Graffiti« mit einem Geldeinwurfschlitz im Dach und einer gut sichtbaren Adresse anbei. Diesmal der sibirischen Stadt Prokopinjewsk. In Sibirien friert und hungert man bekanntlich am härtesten.

Nur ein paar Schritte vom Trabant des schlechten Gewissens startet der Lift ins Schlaraffenland. Der Aufzug der Völlerei. Der Fahrstuhl in die gigantischste Freßetage Berlin's. Nonstop. »Wir fahren jetzt ohne Halt in die Feinschmeckeretage ins 6. Obergeschoß«, stellt eine lüstern sonore Stimme den Gehörsinn auf die bevorstehende Orgie ein. Der Geruchssinn sagt ohnehin, was den Sehnerv erwartet. Irgend etwas Fleischiges, Geräuchertes. Es schwappt beim kurzen Halt im 6. Obergeschoß mit in die Kabine und verläßt sie nicht mehr.

Die Türen öffnen sich zum Geflügeltrakt. Maishähnchen, Hafergänse, Putenoberschenkel, Barbarie-Enten, Poularden (was immer das ist), Freilandputen und -gänse, Biohähnchen, Flugenten, frisches junges Deutsches und vollfleischiges Französisches, natürlich gezüchtetes Kanadisches und gut genährtes Polnisches. Geflügel ist international.

Das Fleischdepartement hält uns in Atem. Schinken ist hier längst nicht nur das, was die Verkäuferin der HO-Fleischwaren der Frau vor uns mit konspirativem Blick unterm Ladentisch ins Pergament stopfte (»Was soll's dann noch an Wurst sein, Frau.«). Es spielt vom zarten Rosa übers satte Orange ins rötliche Braun, ist auf kleine Scheibenberge gehäuft, in lustige Rollen gepreßt oder in Plastikfolie verschweißt und heißt Grillsaft-, Grafen-, Land-, Lachs-, Kräuter-, Schwarzwälder-, Barbecue-, Kern-, Pfeffer-, Westfälischer-, Katenrauch-, Roll-, Wacholder-, Lamm-, Farmer- oder auch Kochhinterschinken. Keineswegs muß auf Delikateßochsenzungen und den guten alten Bauernpreßsack verzichtet werden.

Die Damen, die hier kaufen, wissen, was sie wollen. Unerschütterlich weist ihr Zeigefinger auf die favorisierte Wurst. Nur selten darf es »etwas mehr sein«.

An den festlich beleuchteten weißen Regalen mit dem Abgepackten dagegen trifft man vorzugsweise die Herrschaften in den giftgrünen Parkas mit Webpelz beim Wühlen in den Wiener-Würstchen-Fünfer-Sets.

Plötzlich, der Teufel weiß, wie sie das machen, reißt der Geruch von Räucherspeck und Zwiebelleberwurst ab und weicht dem Duft von Kaffeebohnen und Teeblättern. Das Licht wird diffuser, die Einrichtung exotischer, die Farbe der Fußbodenkacheln wechselt. Porzellankrüge, Silbertabletts voll von Teeblättern, säcke- und körbeweise Kaffeebohnen. Der Tee kommt aus Ceylon, China, Hawaii und Ostfriesland, der Kaffee wuchs in Costa Rica, Guatemala, auf Java und in Neu-Guinea.

Eine Ewigkeit später, vorbeigekämpft an mit Butter gebackenen Apfeltaschen, Plunderstücken, Kaviarbroten und Schrotgebäck in Footballform (Backwarenabteilung), an französischen Walnüssen, indischen Kashew-Kernen, italienischen Ringäpfeln, griechischen Sultaninen und türkischen Aprikosen (Stand für die selbst backende Hausfrau), an Mozartkugeln, am Champagner-Depot (für den ausgelassenen Zecher gibt's die 15-Liter-Brut-Flasche für schlappe 1 898 DM), an trockenen, süffigen, fruchtigen und leichten Rotweinen und solchen, die ideal zu Käse passen, wechseln Fußbodenkacheln, Beleuchtung und Personaltyp ein weiteres Mal.

Mit Fisch verbanden die Innenarchitekten offenbar das Gefühl von Kälte und Sachlichkeit. Weg mit der Bauden- und Backstubengemütlichkeit. Her mit Marmor, Glas, Stahl, Chrom und Spiegeln. Der Karpfen schwimmt von kaltem Licht begleitet, der Hummer liegt auf dem schlichten Silberteller, der Lachs ist symmetrisch zerstückelt (hier der Tip für den unerfahrenen Lachskäufer: niemals nur Lachs verlangen, wenn man auf die Nachfrage:

[Welchen denn?] nicht vorbereitet ist), die Langustenschwänze geschmackvoll und zurückhaltend garniert, die toten Zanderaugen glänzen stilvoll. Kein Häufchen zerstoßenen Eises, das die Fische beherbergt, wurde hier zufällig aufgeschichtet.

Nur die Verkäufer sollen wohl noch etwas Fischmarktstimmung verbreiten. Man steckte sie in Fischerhemden und band ihnen kecke Tücher um den Hals, sie dürfen die Ärmel hochkrempeln und auch einmal eine Tätowierung zeigen. Richtig, einer hat einen Anker auf dem Unterarm. Das KaDeWe leistet sich auch beim Personal keinen Ausrutscher. Alles muß stimmen. Die Fleischverkäuferin darf ein wenig strammer sein, ruhig berlinern, am Genußmittelstand ist man besser etwas zierlich und gut frisiert, der Fischverkäufer leicht verwegen, eigentlich fehlt nur noch, daß der Mann, der den Wein empfiehlt, eine Erdbeernase im rotgeäderten Gesicht trägt.

Nur die grauen Verpackungen der Rigaer Sprotten trüben die geschmackvolle Fischverkaufsatmosphäre. Immerhin hat man ihnen einen extra Tisch reserviert und draufgeschrieben: Produkte aus der UdSSR. Man muß es ja nicht essen, aber vielleicht hilft's ein bißchen, wenn man es kauft. Diese Art Solidarität verbietet sich bei einem anderen sowjetischen Fisch-Exportschlager zumindest für den Bezieher durchschnittlicher Beamtengehälter. Vielleicht hat man die Gefäße mit dem echt russischen Beluga-Malossal-Kaviar deshalb auch zwischen Hummer und Muscheln plaziert – damit sich niemand vertut. Das 56-Gramm-Döschen kostet 228 DM, wer größere Mengen hartgekochter Eier zu verzieren gedenkt, greift zur 500-Gramm-Packung, muß dann allerdings auch 1975 D-Mark dabei haben. Das passiert gar nicht so selten: »Das halbe Kilo wird relativ häufig gekauft. Das ganze

Jahr über. Hat ja jeder mal 'ne Festivität«, weiß die Frau vom Kaviarstand.

Schließlich bleibt, wie nach jedem guten Essen, der Käsegang. Das Auge, getrübt von der Schlemmer-Wüste, nimmt nur noch gelangweilt eine milchig-gelblich-weiße Masse hinter der Auslage wahr. Die Nase ist bereits hinüber.

Inzwischen sammelte sich auch eine gehörige Zahl von verschiedenen Plastiksäckchen an unseren Händen. Wir könnten jetzt eine deutsche Flugente erwerben und uns in den Expreßaufzug werfen. Wir könnten.

Und würden glatt die eigentliche Sensation des Freßparadieses verpassen. Die Probiergelegenheiten. Die First-Class-Küche, die sich als Imbißstand verkleidet. Viele kommen ohnehin nur, um zwischen zwei Terminen eben einen Happen zu essen. Ganz schnell. Einen Irish Coffee im Genußmitteltrakt runterstürzen, ein T-Bone-Steak in der »Grillpfanne« wegputzen, im Vorübergehen ein paar Roastbeef-Röllchen und Entenmedaillons verschlingen oder auf die Schnelle ein halbes Dutzend Sylter-Royal-Austern (Stück 6 DM) ausschlürfen und mit einem Gläschen Champagner runterspülen. Husch, husch. Stilvoll und ungemütlich. Im »Kartoffelacker«-Restaurant beispielsweise hocken die Leute auf engstem Raum, als würden sie auch sonst gerne im Kino speisen oder im Hörsaal. Immerhin, man zeigt, daß man keine Zeit hat. Immer in Business. Da verzichtet man gerne auf Ellenbogenfreiheit.

Am perfektesten spielt man dieses Spiel im »Gourmet«-Fischkutter. Gourmet steht für das, was er wirklich ist, Fischkutter für das, was er zu sein vorgibt. Alle spielen mit.

»Einmal Muscheln, einmal Lachs«, brüllt der Koch den am Tresen Wartenden zu. Er legt soviel

Routine in diesen Ruf, daß es exakt klingt, als kündige er an, daß einmal Pommes und zwei Curry fertig geworden seien. Auch die Herrschaften zeigen sich von ihrem 50-DM-Menü nicht mehr beeindruckt als von einem Pappteller Schaschlik.

Und doch ist alles anders. Kein Fleck verunziert die weiße Uniform der Fischköche, überall Marmor und Glas, ein muschelförmiger Springbrunnen, durch die großen Fenster kann man aus dem 6. Obergeschoß auf Berlin blicken. Der junge Erfolgreiche im fusselfreien Jacket mit Designer-Brille und Fönfrisur führt heute eine ältliche, aufgedonnerte Begleiterin zum Essen aus. Dem grauen Wolf mit der feschen, roten Halbschalenbrille glänzt das Fett in den drei Tage langen Stoppeln. Die Krawatte baumelt überm Bauch, eine Hand in der Hosentasche drängt den Trenchcoatschoß lässig nach hinten weg, die andere stochert gelangweilt mit der Gabel im Lachs herum. Seine junge, hübsche Begleiterin lacht und lacht und lacht. Sie hat herrliche Zähne. Dann gibt's noch die, die viel zu lange die Preise studieren, um dazuzugehören. Und den im glockenförmigen Lodenmantel, der tatsächlich nur Zeit für eine Currywurst gehabt hätte, aber wirklich lieber Muscheln ißt. Sie alle machen den Gourmet-Fischkutter zu einer Adresse. Genau wie die Grillpfanne und die Austernbar. Hier oben in der 6. Etage ist das KaDeWe längst nicht mehr Kaufhaus allein.

Nun, satt, könnten wir dann aber wirklich den Weg zum Expreßabgang einschlagen. Müssen wir aber immer noch nicht. Wir lassen das mit der schweren Freilandgans und ordern unser Weihnachtsmenü beim KaDeWe-Partyservice.

Gleich neben den Ausgängen zum Parkdeck sitzen drei nette Damen und notieren auch die ausgefallensten Wünsche. Die einzige Bedingung: 200

DM muß es zusammen schon kosten. Ansonsten läßt der Feinkostkurier gar nicht erst den Motor an. Aber keine Angst, die Summe ist schnell zusammenbestellt. Die »Helgoländer Festtagsplatte« macht allein 295 DM, reicht für vier Personen und ist auf einer Edelstahlschmuckplatte angerichtet, und zwar festlich. Die Hummerplatte ist für glatte 200 Mark zu haben, der Rehrücken »Pompadour« kostet 260. Alles für vier Personen. Leider. Wer allein ist, hebt sich halt ein wenig für Silvester auf, oder ordert ein paar Flaschen Champagner mehr, um auf das Mindestlimit zu kommen.

Berlin frißt nicht nur. »Berlin hilft und spendet!« auch suggeriert ein Plakat unmittelbar neben den drei Damen vom Partyservice. Damit das nicht nur ein hohler Ausruf bleibt, stehen zur Illustration zwei Sowjetunion-Musterpakete bereit. Eines mit Wert von 25 DM, eines für 50. Mit Zucker, Reis, Mehl, Salz, Teigwaren, Dauerwürsten, Mayonnaise und Schokolade (drei Tafeln in der 25-Mark-Variante, sechs in der 50er-Version).

Während eine Dame mit imposantem Hut mit einer der drei Partyservicehostessen ein wenig über die Soße zum Rehrücken »Pompadour« diskutiert, erfahre ich auf der Informationstafel etwas über die sowjetische Stadt Istra, für die die Care-Pakete gepackt werden sollten.

»In Istra leben etwa 7000 Kinder und etwa 15000 Rentner.«

»Dann machen wir eben statt vier sechs halbe Hummer.«

»Die Versorgungslage ist katastrophal.«

»Cognac und Meerrettichsoße sind sowieso dabei – sehr schön.«

»Es gibt eine Klinik für hörgeschädigte Kinder, der es am Nötigsten fehlt.«

»So, dann kommen wir zum Dessert. Vielleicht die Weihnachtseisbombe?«

Als ich die freundliche KaDeWe-PR-Dame später nach dem täglichen Umsatz der Feinschmeckeretage u n d den bisherigen Spendenerlösen frage, wird ihre flötende Stimme ein wenig schärfer. »Wir wollen doch da keinen Zusammenhang konstruieren. Wir wollen doch den Leuten nicht vorwerfen, daß sie sich dort oben etwas fürs Fest einkaufen. Das wäre doch wenig konstruktiv«, zischelt sie durchs Telefon.

Natürlich wollen wir keine Zusammenhänge konstruieren, sicher wollen wir konstruktiv sein. Wollten wir schon immer.

Frohe Weihnachten und, äh, guten Appetit.

22. Dezember 1990

Alles, was ein Bier braucht, ist Krug
Wie Liebling Kreuzberg die Werber nervt, die ihn zum Trinker der Nation machten

Wenn man ihn von ganz nah betrachtet, sieht er gar nicht mehr so gut aus. Eine dicke Nase, fleischige Lippen, Glatze versteht sich, ein feistes Gesicht und die Augen lüstern geil auf ein Bierglas gerichtet. Aber gewöhnlich guckt man nicht so genau hin. Da geht's. Mehr noch, es kommt an. Und da Werbung auf den flüchtigen Blick zielt, ist Krug ihr Mann.

Man fährt mit dem Auto an ihm vorbei – Manne mit der bunten Krawatte und dem kühlen Glas. »Klarer Fall, Schultheiss« klickt es in den kleinen grauen Zellen des Unterbewußtseins. Oder, Krug stürmt in beuteliger Unterwäsche die Treppe runter, jagt dem Fahrstuhlfahrer mit der Kiste Bier nach und knackt sich, unten angekommen – abgehetzt und katerig – eine Pulle. Manfred, klarer Fall, hat Nachdurst, rattert es im Hinterkopf, während wir auf die Tagesschau warten. Unsere Zunge wird trocken und pelzig.

Oder, Krug in der Kneipe, in der der trottelige Kellner immer wieder an ihm vorbeirennt, ihm irgend jemand ständig geradewegs das letzte Bier vor der dicken Nase wegschnappt – der Durst wird schlimmer, fast unerträglich –, bis es schließlich kurz vor Spotende doch noch zischt und die Glückseligkeit in Krugs Augen tritt. Während die Mainzelmännchen spaßig sind, gehen wir zum Eisschrank. Und holen uns ein Bier.

Wenn es ein Schultheissbier ist, haben die 23 Männer und Frauen der Connex-Werbeagentur alles richtig gemacht. In Steglitz, dort wo der Autoverkehr seltener ist, in einer kleinen Straße, in der es keine Geschäfte und wenig Passanten, dafür aber schattenspendende Bäume, Appartementhäuser und private Arztpraxen größeren Ausmaßes gibt, in einem schönen, beschaulichen Park steht die Villa, in der Manfred Krug zum Biertrinker der Nation gemacht wurde. Nur die moderne Wechselsprechanlage und ein schlichtes Firmenschild lassen erkennen, daß hinter imposantem hölzernen Tor und dichten Hecken kein ältliches Professorenehepaar seinen Lebensabend genießt. Trotzdem trimmten mich die knarrende Holzpforte und der vornehm knirschende Kiesweg zwangsläufig auf schwere dunkle Möbel, Kronleuchter, großformatige Ölporträts, dicke Perserteppiche und Backsteinkamin. Äh, äh. Keine dumpfe Enge. Viel, viel Platz. 20 Meter von der Eingangstür entfernt bauten die Innenarchitekten ein Comander-Kirk-Cockpit auf, hinter dem die Empfangsdamen an lackschwarzen Telefonapparaten hantieren. Art-Deco-Lampen und Halogenspots machen Licht, die Sitzgruppe ist schwarz und ledern und dennoch irgendwie leicht, viel Chrom, viel Schwarz, viel Weiß, statt der Ahnengalerie zwei marterpfahlähnliche mannsgroße Skulpturen und eine Computer-Art-Grafik hinterm Enterprise-Empfangstisch. Die hübschen jungen Damen lächeln, und die graue flauschige Auslegeware schluckt meine Schritte. Hinter einer großen Glaswand ein Konferenztisch, umringt von freischwingenden Korbsesseln. Alles schwingt frei, ist gedämpft, säuselt. Beste Bedingungen, um einzuschlummern oder kreativ zu sein. Kaum vorstellbar, daß je ein Schrei diese unwirkliche Atmosphäre zerreißen kann. Und wenn ich mir zwei Dinge hier überhaupt nicht vorstellen kann, dann sind das Manfred und sein Bierglas.

»Er hat ja auch nie einen Fuß reingesetzt«, erklärt mir Connex-Geschäftsführer Peter Schmidt, während wir in den Freischwingern des Konferenzraumes wippen. »Das spielt auch gar keine Rolle. Wichtig ist, daß wir uns wohl fühlen und unsere Kunden merken, daß hier keine Anfänger sitzen.«

Ich weiß nicht, ob man den Vorstandsherren der Schultheiss-Brauerei durch kühle Sachlichkeit den Eindruck von Professionalität suggerieren kann. Aber den Zuschlag für den Werbeetat verdankt die Westberliner Agentur wohl auch weniger ihrem Mobiliar als vielmehr der Idee zur Schultheisskampagne. »Schultheiss' Werbestil war reichlich altbacken«, erinnert sich Geschäftsführer Schmidt an den Auftakt zu einem seiner größten Erfolge. »Wir sollten ihn ein wenig aufpeppen. Die jungen Bierkäufer ansprechen, ohne die alten vor den Kopf zu stoßen.«

Gewöhnlich beauftragt ein Unternehmen in einem solchen Fall drei bis vier Agenturen mit der Ideenfindung. Nach ein, zwei Monaten harter Arbeit, manchmal mehr, manchmal weniger, werden die Herren Werber dann mit dicken Mappen zur Präsentation vorstellig. In der Regel befinden sich darin jeweils drei bis vier Ideenansätze für die Kampagne. Connex hatte seinerzeit die Version, aufgehende Schultheiss-Sonnen vor einem Berliner Wahrzeichen, lobende Worte von verschiedenen Personen zu ein und demselben Produkt und schließlich einen, dem Bier gewogenen Prominenten, der immer wieder auftaucht (Vorbild: Dr. Brinkmann und der Magenfreundliche), im Ordner. Daß es Krug sein würde, hatte Schmidt bereits damals im Kopf.

Doch so schnell geht das nicht. Weil die Kunden von Industrie und Handel größtenteils keine Ahnung von Werbung haben, das aber keineswegs wissen und vielmehr konkrete Vorstellungen einbringen wollen. Schultheiss beispielsweise konnte sich sehr gut den freundlichen Volksschauspieler Günter Pfitzmann am Bierhahn vorstellen. »Der ist doch was für Witwen und Miethausbesitzerinnen vom Ku'damm. Pfitzmann kann Kirschlikör empfehlen, aber doch kein Bier«, stöhnt Schmidt. Natürlich sollte man tunlichst vermeiden, dem Kunden derart direkt sein werbemäßiges Unvermögen vorzuführen. Die Agentur sammelt ihre Argumente im Supermarkt. Und siehe da, der passionierte Bierkäufer sah weit eher in Krug einen Verbündeten denn in Pfitzmann.

In mehreren Briefings und Re-Briefings brachte man den Brauern dann auch gleich noch die Idee nahe, vornehmlich mit Anwaltsvokabular zu operieren.

Klarer Fall, Blumen für den Staatsanwalt, ... »Ich wollte, daß der Fernsehzuschauer auch in der Liebling-Kreuzberg-Serie sofort an Schultheiss denkt, wenn der Anwalt mal zum Glas greift.« Die Idee, auch gleich noch Jurek Becker zum Schreiben der Drehbücher für die TV-Werbespots zu gewinnen, erwies sich allerdings als nicht realisierbar. »Das macht mal mit dem Krug alleine, ich bin Schriftsteller«, soll Becker ein diesbezügliches Angebot abgeschlagen haben.

Krug allerdings konnte sich sowohl mit dem Produkt Bier als auch mit dem finanziellen Angebot anfreunden. »So was Geldgeiles wie den Krug hab' ich selten gesehen«, bemerkt Schmidt.

Zwischenzeitlich stellt sich heraus, daß man auf

den prominenten Übersiedler überhaupt nicht mehr verzichten kann. »Er ist so eine Art Gallionsfigur für die Ostindianer«, bemerkt Schmidt. Und die »Ostindianer« trinken bekanntlich auch ganz gern Bier. Das weiß natürlich auch Krug. Er leitete daraus noch anspruchsvollere Honorarvorstellungen für die gerade in Arbeit befindliche Werbekampagne fürs neue Jahr ab.

Krug ist nicht nur seiner Vorliebe für Geldbündel wegen ein etwas komplizierter Partner für die Werber. Art-director Klaus Burkhardt (»Sie können es auch Chefgestalter nennen.«) erinnert sich nur ungern an die gerade beendeten Fototermine mit dem TV-Star. »Er ist nicht ganz leicht zu nehmen«, umschreibt er zunächst vorsichtig, was sich im Studio abgespielt haben muß. Krug spiele eben immer nur sich selbst und lasse sich da nicht gerne reinreden, sagt der Gestalter, um darauf deutlich zu werden. »Also wenn man ihn bittet, doch mal ein bißchen anders zu gucken, macht er ein Riesenfaß auf.«

Es dauert gewöhnlich ein wenig mit dem Manfred. Wie man es denn schaffe, das Bier immer so herrlich frisch aussehen zu lassen, wundere ich mich. »Sie können entweder einen Menschen toll fotografieren oder ein Bier. Beides geht nicht.« Womit wir wissen, daß Krug sein beschlagenes Glas mit der frischen Blume immer erst hinterher in die Finger montiert bekommt. Klar. Daß nur das Bier gut aussieht, geht ja nicht.

Glücklicherweise, so könnte man vermuten, müssen sich Art-director Burkhardt und seine zwei Layouterinnen in ihrem herrlichen Atelier (große Glasfront mit Blick in einen verwilderten Park, »im Sommer blühen hier Wildrosen«) nicht nur mit solch profanen Dingen wie Biergläsern und deren Haltung zum Trinkenden befassen. Man könnte es vermuten und läge reichlich daneben. Sie tun es nämlich gern. »Sehen Sie, es macht doch viel mehr Spaß, ein Massenprodukt anzupreisen, mit dem jeder etwas anzufangen weiß, als, sagen wir mal, einen 120seitigen Katalog über Messingrohre zu layouten«, befindet Burkhardt. Seine beiden Layouterinnen nicken anerkennend. Sie sitzen gerade über einem Werbeprospekt für Betonabwasserringe.

Wahrscheinlich liegt das daran, daß die meisten Mitbürger zum Messingrohr oder dem Abwasserbetonring an sich nur bedingt ein persönliches, ein emotionales Verhältnis aufbauen können. Darum aber geht es. Es gibt nämlich eine Fülle verschiedener Produkte, die sich höchstens noch in der Farbe ihrer Verpackung unterscheiden. Es gilt, ihnen ein Image zu verpassen, das den Käufer zielgerichtet ins gewünschte Fach greifen läßt. Eigentlich braucht man nur deshalb Werbeagenturen. Man benötigt sie nicht, wenn es an Konkurrenzprodukten mangelt. Wie es seinerzeit die DDR-»Tausend-Tele-Tips«-Drehteams zu spüren bekommen haben dürften. Geschäftsführer Schmidt formuliert es mit unnachahmlichem Unterton: »Bei Ihnen im Osten hat man ja nun auch mitbekommen, daß es nicht nur eine Sorte Zahnpasta gibt.«

»Nennen Sie es Manipulation«, fordert mich der Texter Matthias Krause auf. »Aber sie richtet in der Regel keinen Schaden an.«

Krause, den man hier wirklich nur einfach den Texter nennt, macht die Sprüche. In der zweiten Etage der Steglitzer Villa.

Er trägt einen schwarzen Rollkragenpullover, hat nur ein relativ kleines Fenster, raucht wie ein Schlot und macht sich so seine Gedanken. »Früher, in den späten 60ern, habe ich die Werbung auch als kapitalistische Ausgeburt betrachtet. Doch ich habe als Nachrichtenredakteur beim Fernsehen ziemlich schnell mitbekommen, daß die Manipulation in der Werbung weit harmloser ist als die, die der Parteienproporz in den öffentlich-rechtlichen Anstalten auslöst.« Also ging er zurück in die Werbebranche, in dem Moment, als er wirklich kreativ zu werden begann. Er nutzt nun seine Fähigkeiten, um es »witzig und treffend« zu sagen. Mitunter auch witziger und treffender als die Amerikaner, deren Textvorlage er zu adaptieren hat.

Im Augenblick bemüht sich Matthias Krause, einen Gilette-Werbespot (Connex vermarktet den Rasierklingen-Riesen in Deutschland) angemessen zu übertragen. Das ist mitunter gar nicht so einfach. »Gilette – für das Beste am Mann« heißt der reichlich schwachsinnige Slogan. Was bitte ist das Beste am Mann? Sein Bart oder was? Der Spruch entstand beim Rechtsanwalt, weil die Amerikaner aus ihrer Vorlage »The best, what a man can get« (Das Beste, was ein Mann bekommen kann) keineswegs den Superlativ gestrichen haben wollten. Der aber ist in der deutschen Werbung nur bedingt erlaubt. So schuf letztlich ein Advokat jenes unverfängliche Gingle. Um den Preis der Logik zwar, aber was zählt schon die Logik.

Texter Krause weiß, daß das, was er genial findet, nicht immer auch erfolgreich sein muß. »Was zum Beispiel ist an dem Spruch: ›Otto, find ich gut‹ gut?« Also verstaut er das, was er »Kopfgeburten« nennt, zähneknirschend im Papierkorb, macht aber, was die Schmerzgrenze angeht, keine Zugeständnisse.

Die hat Liebling Kreuzberg fast erreicht. Krause nämlich geht das bemühte Advokatendeutsch langsam aber sicher auf die Nerven. »Ich finde es albern.«

Nicht mehr lange. Denn die Agentur trennt sich

von dem Jargon; wenngleich aus einem anderen Grund: »Wir können uns nicht ewig an die Serie binden, weil die ja eines Tages ausläuft«, erklärt Geschäftsführer Schmidt. Und wie ist das mit Krug, bleibt der ewig?

Auch das scheint gefährlich. Seit dem Fall Sedelmeyer. »Sedelmeyer und Paulaner-Bier waren im Prinzip eins«, weiß Peter Schmidt. Das tragische Ende des bayerischen Volksschauspielers ist ja noch bekannt. Paulaner-Bier hat es jedenfalls kein Umsatzplus gebracht. »Man muß eben vieles im Auge haben als Werber«, bekennt Schmidt.

Es klingt ein wenig frohlockend.

29. Dezember 1990

Der Ostdeutsche im Sitzschlaf
Eine Woche im Reisebus macht aus Hinterwäldlern Weltenbummler

Babsi* hat Türkeierfahrung. Nicht, daß sie türkisch spricht oder so. Aber sie weiß den Türken zu nehmen. Den Griechen auch, den Jugo sowieso. Babsi karrt seit Jahren Bustouristen nach Istanbul, die Stadt am Bosporus. Durch Österreich, Jugoslawien und Griechenland. Da lernt man so was.

Die Fahrt ist lang, die Schlafsitzbestuhlung hart, die Bordküche im Prinzip nicht vorhanden, die Scheiben sind dreckig, und Babsi behält das, was sie über Land und Leute weiß, nicht für sich. Es beschränkt sich im wesentlichen auf das Verhalten auf Straßen und an Grenzübergängen, aber Babsi bringt das exakt so rüber: »Sage mir, was du auf der Straße tust, und ich sage dir, wer du bist.« So erfahre ich, daß der Jugoslawe seine Straßen prinzipiell nicht ausschildert. Womöglich aus Böswilligkeit. Der Grieche dagegen stoppt gern deutsche Fahrer wegen überhöhter Geschwindigkeit, und wenn er Zollbeamter ist, ist er bestechlich. Wobei er anspruchsvoller wurde in den letzten Jahren. Früher reichten Kugelschreiber, Feuerzeuge und Bierbüchsen, lerne ich. Heute will der Grieche Geld sehen. Dann läßt er den Deutschen schnell an sich vorbei. Und der Türke, nun ja, er fährt wie eine »besengte Sau«.

* Name geändert

»Das andere werden Sie schon noch selber sehen«, sagt Babsi, die Reisebegleiterin aus dem Westteil Berlins.

Sie hat ein leichtes Spiel, diesmal. Denn in den zwei Etagen des Reisebusses sitzen ausnahmslos Ossis. Sie kennen weder Istanbul noch den Griechen an sich. Hypnotisiert lösen sie den Kaffeebecher von den Lippen, wenn Babsi zum Mikrofon greift, gebannt lauschen sie ihrer souveränen Gesprächsführung mit dem ausländischen Verkehrspolizeipersonal (»Du nix kapieren. Ich nicht zu schnell fahren. Du kriegen Cola und dann Schluß!«), folgsam trampeln sie mit den Füßen auf den Busauslegenadelfilz, wenn Babsi das schmollend einklagt. »Ich hab gefragt, ob sich alle gut fühlen ...« (schüchternes Füßeln). »Das war lau ...« (polterndes Stampfen). »Ich höre nichts ...« (ohrenbetäubendes, rhythmisches Trampeln). »Schon besser ...« (Resonanzkatastrophe). »Ah ja, es geht doch.« Babsi der Magier.

Sie macht die Leute reif für Herrn Freudenstein*. Herr Freudenstein ist so ein Oberführer des Reiseunternehmens, der zwischen mehreren Bussen hin und her pendelt. Mein ursprünglicher Gedanke, zwar zu 74, aber dann doch wenigstens mit denen allein nach Istanbul, der Stadt auf zwei Kontinenten, zu reisen, erweist sich als kurzsichtig. Ein Konvoi bunter moderner Reisebusse mit Schlafsesseln und Bord-WC macht sich allwöchentlich auf den Weg. Und Herr Freudenstein muß sich halt überall mal kurz sehen lassen. Der Mann hat sich vorbereitet, weiß um die Achillesferse langjähriger FDGB-Urlauber. Denkt er zumindest: »Also, jetzt die große Überraschung. Wir werden in einem Hotel schlafen, das über zehn

---

* Name geändert

Stockwerke hat. Mehr wird noch nicht verraten.«
Wahrscheinlich vermutet er, wir haben bislang in
Lehmkaten gehaust, der Gute. Kann ja sein. Aber
wir sind sowieso zu müde, um uns zu ärgern.

»... *über Nürnberg, München, Salzburg, weiter
auf der Autobahn, vorbei an Villach zum Würtenpaß, durch das Savetal zur slowenischen Hauptstadt
Ljubljana, dann weiter auf dem Autoput nach
Zagreb ...*«*

Es ist Nacht, draußen ist Autobahn. Die nächste
Raststätte ist nicht in Sicht. Die Leute versuchen,
die Schlafhaltung zu wechseln, rammen der Ehegattin das geplagte Knie in die Hüfte. Die Gattin
wimmert vorwurfsvoll, sie sei gerade etwas eingedämmert, nun sei sie wieder wach. »Wie du hier
überhaupt schlafen kannst«, kontert der Mann,
dreht sich um – und ist sofort weg. Die Frau schaltet die Leselampe ein.

Jemand stolpert beim Bierholen über eine Reisetasche, Sessel quietschen, Beine und Arme schlafen ein, nur man selber nicht, Leselampen gehen an
und aus. Es ist ein hartes Brot mit dem Sitzschlaf.
Doch irgendwann ist morgens und Babsi ruft: »Der
Kaffee ist fertig, Leute!« Mir ist es so egal, ob das
Hotel nun zehn Stockwerke hat, Hauptsache, es hat
Betten.

Nach dem zweiten Becher Kaffee und Füßevertreten an der Raststätte, die Nacht ist so gut wie
vergessen, steigt Freudenstein wieder zu. Jetzt
geht es ums Ganze. Freudenstein erläutert das Programm für Istanbul, der heimlichen Hauptstadt der
Türkei. Zwei große Stadtrundfahrten, ein großer
Galaabend, eine große Schiffsfahrt auf dem Bosporus, ein großer Ausflug nach Asien. Ausgeschmückt mit reichlich Moscheen, Ruinen, Markt-

---

* Zitat aus dem Reisekatalog

platzbesuchen und jeder Menge inklusivem Mittagessen. Es ist das Heizdeckenspiel. Man weiß, daß man das nicht mitmachen muß und will es eigentlich auch gar nicht. Freudenstein redet. Na ja, das eine oder andere kann man ja vielleicht doch, nicht wahr? Freudenstein glüht. Hört sich gar nicht so schlecht an. Freudenstein jubelt und erledigt die Zweifler mit einem letzten gezielten Hieb. »Für die, die das ganze Programm mitmachen, bieten wir einen interessanten Paketpreis an.« Der ist fast nochmal so hoch wie der gesamte Reisepreis. Aber das ist nun auch egal. Denn man weiß inzwischen, daß man ohne Programm fünf Tage lang ziellos durch Istanbul stampft, während man mit Programm unvergeßliche Eindrücke sammelt. Und kreuzt auf der unverzüglich durchgereichten Liste Termin um Termin an, wählt das eine oder andere aus, nutzt vor allem aber den günstigen Paketpreis. »Wie gesagt, wenn Sie Istanbul nicht unbedingt kennenlernen wollen, kreuzen Sie am besten gar nichts an«, scherzt Freudenstein. »Nur, Sie müssen sich jetzt beeilen. Wegen der Buchung«, meint er noch und steigt aus. Wie er mitten auf der Strecke buchen will, bleibt sein Geheimnis.

». . . weiter durch Serbien und Mazedonien, vorbei an Skopje und Titov Veles zur jugoslawisch-griechischen Grenze. Wir durchqueren die Halbinsel Halkidiki mit ihren beiden malerischen Binnenseen . . .«
Frau Kowalek hat sich von vornherein nicht auf die Bordküche verlassen. Brot, Gänseschmalz und Selbstgebackener werden für die Nachbarn weitergereicht. Die Brücke über den Busgang ist geschlagen, der Boden für die Urlaubsbekanntschaft bereitet, die Solidargemeinschaft Paketpreis schweißt noch fester zusammen. »Na, wenn man so ein günstiges Angebot bekommt, muß man ja

einfach ...« Babsi liefert zwischenzeitlich sachdienliche Hinweise für den Duty-Free-Einkauf. Beim Türken sind Zigaretten günstig, Schnaps kauft man besser beim Griechen. Ein bedauernswerter Narr aus dem Oberdeck nutzt die nur begrenzt belastbare Bordtoilette während eines Stops an der Raststätte. Er wird vor der gesamten Besatzung vom Personal zurechtgestutzt. Der Mann hat ausgespielt.

»... *weiter durch Griechisch-Mazedonien; hinter dem Nestos-Fluß erreichen wir die Grenzprovinz Thrakien. Am Buru-Binnensee (Vogelschutzgebiet) – Fotopause! – entlang.*«

Es muß kurz nach dem Beschluß der Busreiseunternehmer, Fotopausen am malerischen Buru-Binnensee abzuhalten, geschehen sein, daß sich die Vögel aus dem Vogelschutzgebiet zurückzogen. Es gibt hier weggeworfene Cola-Büchsen und Kodak-Filmpackungen, den Buru-Binnensee natürlich auch noch, nur Vögel eben nicht. Aber da wir nun schon einmal die Kameras rausgekramt haben, fotografieren wir uns eben gegenseitig. Ansonsten ist es malerisch. Als wir nach 20 Minuten Fotopause vom Parkplatz am Ufer des Sees starten, rollt der nächste zweistöckige Luxusbus im verlassenen Vogelparadies ein. Wir sind im Plan. Von den beiden jungen Männern im Oberdeck fängt einer an, Mundharmonika zu spielen. Das Oberdeck mahnt geschlossen zur Ruhe.

»... *vorbei an vielen, in den letzten Jahren entstandenen Badeorten kommen wir zu unserem Reiseziel – Istanbul!*«

»Komisch«, raunt die junge Frau vor mir ihrem Mann zu, »ich hätte nicht gedacht, daß es hier richtige Straßen gibt. Eher so Sandwege.« Babsi und Herr Freudenstein haben ganze Arbeit geleistet.

Beim Begrüßungsrhaki im Hotelfoyer werden

die ersten Istanbulpostkarten gefüllt, der junge türkische Reiseführer stellt sich den Fragen nach Goldpreisen, den günstigsten Umtauschkursen und der Ostberliner Vorwahl. Ein Herr im Dreiteiler stößt aus: »Kulturmöglichkeiten? Oper, Operette, Konzerte?« Dann liegt uns Istanbul zu Füßen.
Es ist der Platz für Müßiggang. Stundenlang kann man über den großen Basar der Altstadt streunen. Sich von Händlern bezirzen lassen. Gemütlich bei einem Gläschen Apfeltee mit dem Teppichverkäufer plaudern, ohne einen bösen Blick zu ernten, so man sein Geschäft ohne Läufer verläßt, sich blenden lassen von den Auslagen der unzähligen Juweliere oder betäuben vom Duft des Gewürzbasars. Man kann sich so kostengünstig wie wohl nirgendwo auf der Welt übers Ohr hauen lassen. Chanel No. 5 für 5 DM kaufen und im Hotel feststellen, daß nur Wasser in der Flasche ist. Fünf Paar Lacoste-Socken gibt's für 10 Mark, wobei sich das teure Krokodil augenblicklich vom Strumpf löst, wenn man ihn aus der Packung holt. Man kann durch die alten verfallenen Viertel am Marmara-Meer spazieren, wo es windschiefe rußige Holzhäuser gibt und enge Gassen, und sich vorstellen, wie es hier vor 200 Jahren ausgesehen hat. Oder auch nur bemerken, wie gut es einem eigentlich geht. Man kann sich zwischen die hektischen Berufstätigen drängeln und in einer übervollen Fähre über den Bosporus von Europa nach Asien schaukeln. Dann auf einem hölzernen Floß frisch geräucherte Makrelen zwischen zwei Fladenbrothälften verspeisen. Es gibt eine Menge hervorragender Restaurants mit überaus zuvorkommenden Kellnern und himmlische, marmorne türkische Bäder zum Abschwitzen und Durchkneten, in denen man alles vergißt. Natürlich kann man andächtig auf Strümpfen durch Moscheen schlei-

chen und verstohlen den Gläubigen beim Gebet zuschauen. Man kann ausspannen. Es sei denn, man nutzt den günstigen Paketpreis.

»... *Abfahrt 9 Uhr vom Hotel mit deutschsprachiger Reisebegleitung ... Und danach geht es um 18 Uhr zurück zum Hotel, voller einmaliger Eindrücke.*«

»Ich halte das nicht mehr aus«, stöhnt die junge Frau. »Das reinste Museumsprogramm. Ich hab die Tempel satt und die schlechte Luft im Bus.« Sie läßt sich in die Sitzgruppe der Hotelbar fallen und bestellt sich einen Happy Bacardi. Abends im Fahrstuhl gesteht mir Frau Kowalek verzweifelt, daß sie die Namen der Moscheen alle durcheinanderbringt.

»... *20.30 Uhr Abfahrt zur großen Galafeier im bekannten (und größten) Nachtclub Istanbuls. Es unterhält Sie ein buntes Programm. Viele Getränke wie Bier, Cola sind frei ... Wir feiern garantiert inmitten internationalen Publikums mit viel Stimmung ...*«

Das internationale Publikum nähert sich in Dutzenden verschieden besprühten Reisebussen dem bekannten Nachtclub Istanbuls. Es ist vielköpfig und spricht deutsch. Die Gastgeber gaben sich viel Mühe, in das Riesengebäude original Blauer-Bock-Schunkel-Ambiente zu transferieren. Es hätte aufgehen können. Wenn nicht die türkischen Kellner wären. Mit Ellenbogen erkämpfen sich die Reisenden die Nachbarschaft der Urlaubsbekanntschaft.

Mein Nachbar, ein glatzköpfiger Mecklenburger, ordert Bier, nicht weil's umsonst ist, sondern weil: »Wir Deutschen nun einmal Bier trinken, du verstehen.« Der Kellner lächelt freundlich. Das bunte Programm plätschert vor sich hin, man wartet auf den nächsten Gang, leert die Blase. Die versprochene Stimmung bringen erst die Bauchtänzerinnen. »Sie treten auch im türkischen Fernsehen auf, das ist also nicht die dritte Garnitur, das sind die Besten, die wir zu sehen bekommen«, hatte Herr Freudenstein bereits auf der Hinfahrt geworben. »Jetzt, jetzt, jetzt!« hechelt der Glatzköpfige. Die ersten Herren besteigen ihre Stühle. Dem »Oper-Operetten-Konzert«-Freund stehen die Schweißperlen auf der Stirn. Fieberhaft nestelt er an seinem Fotoapparat. Seine Frau starrt auf den vierten Gang. Später spielt die türkische Band »Trink, Brüderlein, trink«. Was befolgt wird.

»Die Türken sind sehr deutschfreundlich. Viele haben in Deutschland gearbeitet und sprechen daher unsere Sprache.«

In einem Straßencafé erzählt mir ein türkischer Berliner, der seine alte Mutter in Istanbul besucht, daß die Menschen hier durchschnittlich 500 Mark im Monat verdienen. »Die Hälfte davon geht für die Miete ab, und auch die Lebenshaltungskosten sind sehr hoch. Es gibt viele Händler, die 12 Stunden täglich auf der Straße stehen und davon trotzdem kaum leben können.« Sobald die bunten Reisebusse irgendwo stoppen, scharen sich die Strumpf-, Tuch- und Korbverkäufer um die Touristen. »Jetzt reicht's aber, verstehst du«, herrscht ein breitschultriger, großer Endvierziger in Stonewashed-Jeans und der frisch erworbenen Lammlederjacke einen Sockenverkäufer an. Seine Begleiterin, ebenfalls in neuem anatolischen Leder, wundert sich lächelnd: »Die müssen riechen, was für 'n Geld wir haben.« Vor einem Jahr roch sie demnach noch ganz anders. Und ein Dicker, den ein etwa 10jähriger Junge mit »sehr billig – kaufen – Chef« umworben hat, wiegt bedächtig seinen schweren Schädel. Und murmelt versonnen: »Ja, ja, ich bin der Chef.«

»Vor unserer Bosporus-Kreuzfahrt erwartet uns ein hervorragendes Fischessen in einem Spezialitätenrestaurant.«

»Also, wenn ich das Zeug schon sehe, wird mir schlecht«, ekelt sich die Frau mir gegenüber und stochert in den Störeiern herum. »Haben Sie auch Fleisch?«, fragt sie lautstark und bekommt wie einige andere wenig später Buletten und Kartoffeln serviert. »Na, das kann sich doch sehen lassen«, wirft ihr Gatte ihr zu, öffnet sich ein Bier und schaut mitleidig auf die Fischesser. »Wo waren wir stehengeblieben? Ach ja, wir sind seinerzeit ja schon mal mit der Arkona durch den Bosporus durch. Traumhaft, sage ich Ihnen.«

Leider fällt die Kreuzfahrt ins Wasser, weil dichte Nebelschwaden über dem Bosporus treiben. Da schmerzen den jungen Berliner die Getränkepreise der Bordkantine natürlich besonders. Zwei Mark fünfzig für ein Bier.

»Das ist doch der blanke Wucher«, beschwert er sich beim türkischen Reiseleiter. Der lächelt nachsichtig. »Es tut mir leid, das sind die Touristenpreise.« Zwei Mark fünfzig für ein Bier, wie gesagt. Ein großes.

»Viel zu schnell scheint die Zeit zu vergehen. Nach dem Frühstück treten wir, voller unvergeßlicher Eindrücke, auf schon bekannter Fahrstrecke die Rückreise an.«

Während wir aus Istanbul rollen, raunt einer der beiden jungen Männer hinter mir dem anderen zu: »Ist dir eigentlich aufgefallen, daß die Türken immer dreckige Schuhe anhaben? Und dabei stehen an jeder Ecke Schuhputzer. Ich habe keinen Türken mit sauberen Schuhen gesehen.« Dann wenden sie sich wieder den Vorzügen des Opel Omega zu. Babsi ruft: »Der Kaffee ist fertig, Leute!« Sie war zwischen Hin- und Rückfahrt eben nach Hause gejetet. Aber sie hat ja, wie gesagt, Türkeierfahrung. Und Frau Kowalek hat noch einen Rest von dem Selbstgebackenen übrig.

In der letzten Nacht, ich muß ein wenig eingedu-selt sein, reißt mich Babsis Conferencier-Stimme ein vorletztes Mal aus dem Schlafsitz. »Meine Damen und Herren, wir sind wieder in Deutschland!« Das Oberdeck trampelt.

12. Januar 1991

Eine Straße ins Nichts

Im ehemaligen Ostpreußen herrscht keine Angst vorm Westbesuch

> »Wieder wollen uns die Deutschen einkreisen, und wieder würde unser Pommern ein ›polnischer Korridor‹ werden.«
>
> Aus einem Kommentar der polnischen Wirtschaftszeitung »Gazeta Bankowa« vom 16.9.1990.

> »War Friedrichsstein bisher eine Realität, unerreichbar zwar, aber doch existent, so ist sie jetzt zu einer unwirklichen Erscheinung der Traumwelt geworden – und da ist es eigentlich auch ganz gut aufgehoben.«
>
> Marion Gräfin Dönhoff im September 1989 nach einem Besuch ihrer Kindheitsstätte in der Nähe von Königsberg.

Solide Autobahnen verstanden sie bekanntlich zu bauen, die Deutschen. Auch die alte Reichsautobahn, die das ostpreußische Elbing (heute polnisches Elblag) mit dem ostpreußischen Königsberg (heute russisches Kaliningrad) verband, tut noch ihren Dienst. Vertrauen weckende zweiteilige Brücken überspannen sie von Zeit zu Zeit, wenn es eine Abfahrt erforderlich macht. Allerdings gibt es nur eine zweispurige Fahrbahn. Der Boden für die zweite war schon bereitet, im Überschlagen der Ereignisse fehlte aber offenbar die Zeit, ihn mit Asphalt zu füllen. Wobei selbst die eine Fahrspur weit unterbelastet ist. Lediglich einem Pferdefuhrwerk, drei Kindern mit Schultaschen, ein paar Spaziergängern und einem Förster begegne ich auf der alten Reichsautobahn.

Was eigentlich auch wenig verwunderlich ist, da sie tot ist, die Straße. Sie führt nach nirgendwo. Bei ihrem Rückzug kappten die Deutschen den ursprünglich von ihnen geknüpften Verbindungsweg ins nördliche Ostpreußen. Und weder Russen noch Polen hielten es bislang für nötig, ihn wiederherzustellen. So bricht die alte Reichsautobahn plötzlich ab. Eine Barrikade hindert die Fahrzeuge am Weiterfahren. Was nützlich ist, weil man ansonsten in eine 30 Meter tiefe Schlucht stürzen würde. Die Brücke wurde, wie gesagt, seinerzeit gesprengt. Unten im Tal windet sich ein kleines Grenzflüßchen: Und ganz weit hinten – schon im Sowjetland – sieht man die Autobahn ihren Weg nach Kaliningrad wiederaufnehmen.

»Sie werden die Autobahnbrücke wieder aufbauen müssen, jetzt«, ist sich Siegfried Marzowierski sicher. Mit »jetzt« umschreibt der alte Pole die Situation, die er mit der beginnenden Öffnung des Kaliningrader Gebietes heraufziehen sieht. Ende vorigen Jahres entschied man in Moskau, das bislang streng gehütete Militärgebiet Kaliningrad für ausländische Touristen zu öffnen. Bereits im Juli 1990 hatte das Parlament der russischen Sowjetrepublik unter Boris Jelzin beschlossen, den wichtigsten Marinestützpunkt der Sowjetarmee an der Ostsee in ein Wirtschaftssondergebiet umzuwandeln. Und auch die Kaliningrader selbst fühlen sich beim Gedanken, schon bald zu einem frei handelnden Hongkong zu erblühen, gar nicht so unwohl. Zudem tat vor allem die deutsche Seite durchaus wirtschaftliche Interessen an der Ostsee-Enklave kund. Friedrich Wilhelm Christians, der dort im zweiten Weltkrieg eine Panzeraufklärungskompanie befehligt hatte und zwischenzeitlich zum Aufsichtsratsvorsitzenden der Deutschen Bank aufstieg, erkennt in der Freihandelszone Kaliningrad sogar die Möglichkeit deutsch-russischer Vergangenheitsbewältigung im europäischen Einigungsprozeß. Er legte dementsprechend motiviert der Moskauer Regierung kürzlich eine Expertise über die Funktionsweise von Freihandelszonen vor. Andererseits suchten auch zahlreiche Wolgadeutsche ihr Heil in dem nordöstlichsten Zipfel der UdSSR. Etwa 4 000 deutschstämmige Sowjetbürger siedelten in den letzten Jahren nach Kaliningrad über. Was einige deutsche Zeitungskolumnisten auf die famose Idee brachte, »dort oben« eine Art neue Heimat für Sowjetdeutsche einzurichten. Was ja mehrere Vorteile hätte, für Deutschland zumindest.

Rychard Pichla und Zbyszek Mroz können sich nur wundern, was da die deutschen Banker und die Kaliningrader Kommunalpolitiker so aushekken. Schließlich müßten die beiden doch davon als erste etwas mitbekommen. Sie bewachen den russisch-polnischen Grenzübergang Braniewo. Und der liegt seit dem Ende der Autobahnbrücke auf der kürzesten Strecke zwischen Berlin und Kaliningrad. Doch hier ist es eher ruhiger geworden denn geschäftiger. Wenn ein Grenzkontrollpunkt überhaupt malerisch sein kann, dann ist es dieser, der den polnischen (Ermland) vom russischen Teil (Samland) des ehemaligen Ostpreußens trennt.

Jeden Morgen um dreiviertel acht (manchmal auch ein bißchen später) legt Rychard Pichla seine Brotbüchse auf den Beifahrersitz des Zwergen-Fiats und startet zu seiner Arbeitsstelle. Um acht Uhr (manchmal auch etwas später) öffnet er das Vorhängeschloß vom Schlagbaum, parkt den Fiat und geht ins Grenzerhäuschen, wo sein Kollege Mroz meistens schon Kaffeewasser aufgesetzt hat. Der Farbfernseher läuft, der Nachtspeicherofen bullert, ein Kartenspiel und ein Schachbrett sind vorhanden.

Wenn Rychard Pichla gegen 17 Uhr das Vorhängeschloß wieder zuschnappen läßt, haben nur etwa 15 Bürger seinen Grenzübergang passiert. Im Durchschnitt. »Es ist nicht viel los hier, das stimmt schon«, murmelt Sergeant Mroz. Noch im vorigen

Jahr rollten hier täglich mehrere Busse mit sowjetischen Arbeitern durch, doch seit die ehemaligen Bruderstaaten ihre Verbindlichkeiten auf Dollarbasis regeln, blieben diese Grenzgänger aus. Geblieben ist der ältliche Kaliningrader Stürmer-Star Tscherpajew, der beim polnischen Drittligisten aus Elblag für 1 000 Rubel monatlich kickt. Und ein paar Frauen, von den sowjetischen Grenzern nur gegen Wodkaauslöse durchgelassen, die in Braniewo, Elblag oder Frombork schwarzarbeiten. Für die Hälfte des polnischen Lohns, der gering genug ist.

Auch den Vertriebenentourismus müssen die beiden Grenzer vorerst noch stoppen. Er funktioniert ausschließlich über den tausend Kilometer langen Umweg über Brest und Litauen. Was 1989 die Herausgeberin der Hamburger Wochenzeitung »Die Zeit«, Gräfin Dönhoff, schmerzlich zu spüren bekam. »Aber die Sowjets erlauben nicht, daß man von Westen her einreist, vorgeschrieben wurde uns vielmehr der Weg über Warschau–Brest–Vilna ... 1 600 statt 600 km Fahrt«, stöhnte die Gräfin seinerzeit ins Feuilleton. Dennoch versuchen immer wieder Deutsche, den kürzeren Weg zu gehen. »Zwei bis drei kommen täglich«, sagen die Grenzer.

Auch an diesem Vormittag erhalten sie Besuch. Zunächst rollt ein weißer Mercedes aus Rattlingen vor den Schlagbaum. Schüchtern trippelt der Fahrer, ein etwa 50jähriger Mann mit grauer Strickjacke im Trachtenstil, ein wenig vorm Grenzstreifen auf und ab, faßt sich ein Herz, fragt, ob er nicht mal kurz rübergucken kann, nickt, als ihm der Dienstweg erklärt wird, setzt sich in seinen Wagen und dreht ab. Da ist der Essener Jägersmann, der anderthalb Stunden später vorfährt, schon aus anderem Holz geschnitzt. Zwei polnische Hirsche,

55

sagt er, habe er in der letzten Woche niedergestreckt. Den Feldstecher hat er selbstredend dabei. »Da drüben, die Russen«, erklärt er seiner Frau seine sensationellen Beobachtungen auf der anderen Seite der Grenze. Sie nickt. »Meine Frau, müssen Sie wissen«, erzählt er, während er das Glas sinken läßt, aufgeräumt, »kommt aus der Ecke da oben.« »Direkt aus Kaliningrad?« frage ich. »Ja, junger Mann, aber wir sagen Königsberg«, doziert er, »weil es nun mal Königsberg ist.«

Also doch, denke ich. Und die Assoziationskette beginnt sich augenblicklich zu schließen. Beschleunigt durch die unsäglichen Festredner der Vertriebenentreffen und den Geschichtsunterricht meines Vaterlandes, der mir das Schicksal ehemals ostdeutscher Gebiete und seiner Bewohner nur sehr unklar vermittelte. Ostpreußen – klick – Vertriebenenverbände – klick – Revanchistentreffen – klick – Hakenkreuz. Ganz so einfach ist es aber dann doch nicht. Zumindest, nachdem man sich mit Polen unterhalten hat, die hier im ehemaligen Ostpreußen leben.

Siegfried Marzowierski leitet für eine halbe Million Złoty (etwa 90 DM) monatlich eine Altstoffsammelstelle in Elbląg. Für eine Flasche Birnenschnaps reicht's allemal. »Dienst ist Dienst, und Schnaps ist Schnaps«, öffnet er sie zum drittenmal, seine beiden Gehilfen strecken ihm bereitwillig die geleerten Becher entgegen. Mit etwas gelockerter Zunge (und noch mal »Dienst ist Dienst...«) schlingert sein Geschichtsbild zwischen »deutschen Feinden in Majdannek«, »einem sehr schönen Aufenthalt im Pionierlager Boltenhagen, wo ich vor zwei Jahren für polnische Pioniere dolmetschte«, »abgewirtschaftetem Kommunismus«, der »Angst vor einer erneuten deutschen Enklave in Königsberg« und dem Bedauern, »daß das Ermland nicht doch noch immer deutsch ist, weil es dann eine blühende Wirtschaft hätte«, hin und her. Kurzzeitig scheint sich doch seine patriotische Ader durchzusetzen. »Wir Polen haben es gar nicht gern, wenn man Allstein sagt oder Elbing. Man soll ruhig überall wissen, wie die polnischen Namen sind.« Und wieder rückfällig: »Wichtig ist, daß wir eine deutsche Grenze haben, falls der Russe angreift.«

Die Angst vorm »Russen« scheint tatsächlich recht ausgeprägt zu sein im Nordosten Polens. Ein Dokumentarfilmer des Polnischen Fernsehens, den ich in Braniewo traf, fuhr sogar extra hierher, um »die Angst der Menschen in Braniewo« einzufangen. »Wir machen eine ganze Sendereihe über die polnische Angst vor den russischen Panzern«, erläutert der Dokumentarfilmer seinen Vorsatz. Angst vor den Deutschen dagegen, meint der Mann, der hier geboren wurde und aufwuchs, gibt es im ehemaligen Ermland nicht. »Das deutsche Syndrom ist verschwunden.«

Kanonius Andrzej Grimtstki, Oberhaupt der Kathedrale von Frombork, zeigt verbittert auf den zertrümmerten Türrahmen in seinem Pfarrhaus. Eine Geste, die er garantiert schon dutzendmal vorgeführt hat. Notdürftig hat man das ausgefranste schwarze Holzgestell mit Latten geflickt. »Das waren die Russen«, stöhnt der Würdenträger der bedeutendsten Kathedrale im ehemaligen Ostpreußen und steuert gleich noch ein Beispiel für die wütenden Sowjetsoldaten bei. »Den letzten Dompfarrer Kallar haben sie 1945 hier auf dem Kirchhof umgebracht.«

Eine Legende, die der Direktor des Fromborker Kopernikus-Museums so nicht bestätigen kann. »Er war der letzte deutsche Pfarrer an dieser Kathedrale. Das ist schon richtig. Aber er zog 1946 nach Königsstein im Taunus, wo er wenig später starb.« Und zwar eines natürlichen Todes, wie Edwin Switala berichtet.

Auch Switalas Sympathien liegen eindeutig auf seiten der deutschen Nachbarn. Vor allem, seit Richard von Weizsäcker seiner Gemeinde im vorigen Jahr einen Besuch abstattete.»Wenn ich überhaupt noch Angst vor den neuen Deutschen hatte, dann hat sie mir dieser Mann genommen.«

Das Bild der barbarischen Germanen verblaßt in dem Maße, wie die deutschen Gräber auf dem Fromborker Friedhof seltener werden. Ein Grabmal mit deutscher Aufschrift erinnert noch an die alten Bewohner des ehemaligen »geistigen und religiösen Zentrums Ostpreußens« (Switala). »Hier ruhen unsere lieben Eltern Josef und Barbara Schulz. Ave Maria.« Die Tannenzweige vor dem verwitterten Stein sind lange trocken. Es gibt noch ganze zwei deutschstämmige Familien in Frombork. Aber deren Kinder sprechen nur noch polnisch.

Auch in Elblag sieht das nicht anders aus. Und Pfarrer Mieczyslaw Jozefczyk spricht nur deswegen so gut deutsch, weil er Freunde in Freiburg hat. Einer von ihnen stammt aus dem ehemaligen Ostpreußen und würde auch sehr gerne wieder hierherziehen, sobald das möglich ist. »Wenn die Deutschen hierherkommen, sind sie sehr herzlich willkommen. Besonders die Ermländer«, legt Pfarrer Jozefczyk fest. Die Kirche spricht in Polen bekanntlich ein gewichtiges Wort. Wir sitzen in seiner Pfarrwohnung. Das Haus aus roten Klinkern und halbverspiegelten großflächigen Fenstern ist eben fertig geworden. Garage und Dachgarten wurden nicht vergessen. Der stellvertretende Bischof der Wojewodschaft hatte es sich gerade mit einem Stück Baumkuchen gemütlich gemacht. Sein Platz in der ausladenden samtenen Sitzgruppe ist der unterm Ölporträt seines päpstlichen Landsmannes. »Wir haben keinen Groll auf die Russen«, erklärt der Pfarrer und greift zum Kuchenteller, »wir haben Groll auf die Kommunisten. Das ist ein Unterschied.« Dicke Perserteppiche schmiegen sich an den Parkettfußboden seines Wohnzimmers, die Schnitzarbeiten an Kommode, Anrichte und Regulator vollbrachten noch ostpreußische Tischlereikünstler, der Marmor vor seinem Kamin kommt aus Italien. »Russen«, so faßt Jozefczyk zusammen, »die, wie ich im Fernsehen sah, sich heute schämen, Russen zu sein, gehört meine ganze Sympathie.«

Vielleicht gründet sich das Verständnis für die Heimatgefühle der Ostpreußen (»Ich sage auch lieber Braunsberg und Königsberg.«) auf seinem eigenen Vertriebenen-Schicksal. Pfarrer Jozefczyk stammt aus jenem Teil Polens, der für Szczecin und Wrocław der Sowjetunion geopfert wurde – aus Lwow. Er allerdings möchte dahin nie wieder zurück. »Die haben garantiert so eine Einheitsstadt daraus gemacht. Und die Enttäuschung, mein Geburtshaus nicht wiederzuerkennen, möchte ich mir nicht zumuten.« Nun, seine jetzige Bleibe mag ihn ein wenig darüber hinwegtrösten.

Die drei Gdansker Pfadfinder, die es für zwei Wochen hier nach Frombork verschlug, finden die englische Band »The Cure« gut und haben weder Angst vor Deutschen noch vor Russen. »Sehen Sie«, erzählt mir einer, »die Zeiten sind andere geworden. Gdansk ist Gdansk und wird nicht dadurch Danzig, daß ein paar alte Zausel den polnischen Namen nicht richtig aussprechen können. Heute kann in Europa niemand mehr schnell mal irgendwo einmarschieren. So können uns die Deutschen ruhig besuchen. Und wenn wir sie lieber sehen als sagen wir mal die Russen, dann nur, weil sie das bessere Geld haben. Nichts weiter.«

In der schäbigen Halle des kleinen Fromborker Hotels hat jemand einen deutschsprachigen Prospekt liegengelassen. Auf die letzte Seite ist eine Skizze einer Straßenkreuzung gekritzelt. Eines der Rechtecke, die Häuser darstellen sollen, ist mit einem Kreuz markiert. Daneben steht: »Dies ist unser Haus. Unbedingt Aufnahmen von der gesamten Häuserfront machen.« In Deutsch steht das da. Der alte Lumpenhändler Siegfried Marzowierski berichtet von einer Freundschaft zwischen einer polnischen und einer ehemals ostpreußischen Familie, die jeden Sommer für zwei Wochen in Braniewo aufgefrischt wird. »Die Deutschen kamen hier eines Tages an, es muß so vor sieben, acht Jahren gewesen sein. Sie waren ganz schüchtern und fragten mich, ob ich sie zu den neuen Bewohnern des alten Hauses führen kann, in dem der Mann aufgewachsen war. Wir fanden das Haus, und die Bewohner hatten nichts dagegen, daß sich die Deutschen darin mal umsahen. Inzwischen sind sie Freunde geworden und besuchen sich gegenseitig. Sie wollen hier Urlaub machen, das ist alles. Ihr Zuhause, sagen sie, ist in Hessen.«

Ich stehe wieder an der toten Reichsautobahn und denke an die Fahrt nach Königsberg. Die russischen Felder scheinen gut bestellt. Es ist Unkraut, was sie so wirken läßt. Nicht jeder ist angesichts der ehemaligen Kornkammer Deutschlands zu solch charaktervollen Erkenntnissen fähig wie die Gräfin Dönhoff. Auf den Reporter der »Frankfurter Allgemeinen« wirkte »das nördliche Ostpreußen, einst eine Region mit großen Bauernhöfen, hübschen Dörfern, fruchtbaren Feldern ... heute leer, versteppt, unwirtlich, teilweise sogar verkommen und schmutzig.« Ich denke an die Stadt, deren Kern von britischen Bombern zerlegt wurde. Und das, was übrigblieb, von engstirnigen sowjetischen Vergangenheitsbewältigungsarchitekten weggesprengt und mit Betonmonstern bepflastert wurde. Worauf Lew Kopelew sie »eine Stadt ohne Vergangenheit und Seele« nannte. Sie ist nicht schön, wie Nowosibirsk nicht schön ist und Eisenhüttenstadt nicht. Und sie ist nicht Königsberg.

Und Braniewo ist nicht Braunsberg. Es gibt dort ein altes Kloster. Schwester Marietta, die das Klosterarchiv leitet, führt mich durch das altehrwürdige Gebäude. Heute ist ein großer Tag für das Kloster. Sechs junge Mädchen haben ihr Gelübde abgelegt. Sie führen für die Angehörigen ein kleines Theaterstück auf. Es ist ein herrlicher Wintertag. Das Sonnenlicht flutet durch die bunten Kirchenfenster in die kleine Kapelle, die Novizinnen kichern, die Eltern und Geschwister haben Kaffee und Kuchen mitgebracht. »Wissen Sie«, sagt Schwester Marietta, »für mich ist es überhaupt nicht wichtig, ob jemand Pole ist oder Deutscher oder Russe, ob er Christ ist oder Kommunist. Für mich sind alle Menschen Gottes Kinder.«

Und ihr stellvertretender Bischof Jozefczyk hat mir vor zwei Stunden erzählt, daß seine Gemeinde 2000 Päckchen für Kaliningrader Kinder gepackt hat. Mit Nudeln, Schokolade, Keksen und Zucker. »Wir geben gerne, obwohl es uns auch nicht gerade gut geht«, sagt er und lehnt sich in den pompösen Samtsessel zurück.

2. Februar 1991

Die Helden sind müde
Ein Jahr danach gibt es wieder Montagsdemos in Leipzig – doch die Wut der Straßengänger hat kein Ziel mehr

»Mit stillem Ernst gehen die Leute voran, entschlossen und zielbewußt«, charakterisierte »Die Zeit« im November '89 die Leipziger Demonstranten. Der stille Ernst ist geblieben, anderthalb Jahre später. Das Ziel ist weg. Und auch die Entschlossenheit. Müde zotteln die Demonstranten über den Ring. Graue Gesichter, traurig schlenkernde Dederon-Einkaufsbeutel, abgegriffene Aktentaschen, Windjacken und die Zigarette in der hohlen Hand. Keine Schlachtrufe mehr, keine Kerzen, keine Deutschlandfahnen. Die Helden sind verzweifelt.

Ein Blick in ihre Gesichter zerstreut den Gedanken an eine Analogie zu den 89er Herbstaufmärschen. Auch wenn die Vermutung zugegebenermaßen nahelag. Immerhin versammeln sich seit einigen Wochen wieder allmontäglich Menschen auf dem Augustusplatz. Und jeden Montag werden es mehr. »Damals allerdings«, räumt Siegfried Kapalla vom Neuen Forum Leipzig, das gemeinsam mit IG Metall und ÖTV zur Demo aufrief, ein, »waren es politische Unzufriedenheiten, heute mehr wirtschaftliche und soziale.« Das merkt man. Auch wenn sich Leipzig so nach und nach wieder zum Wallfahrtsort der Unzufriedenen mausert.

Doch noch ist es längst keine Demonstration des Aufbruchs. Wenn man die einst so erfolgreichen Rituale auch wiederholt. Die schlichten weißen Bänke der Nikolaikirche, Ausgangspunkt der

Herbstmärsche und seinerzeit hoffnungslos überfüllt, boten am Montag jede Menge freie Plätze. Immer noch findet hier jeden Montag das Friedensgebet statt. Die »Jesusmentalität«, die sich Pfarrer Führer wünscht, können aber offenbar die wenigsten Leipziger leben. Das montägliche Gebet, so die ehrenrührige Bitte des St.-Nikolai-Pfarrers, möge helfen, Grenzen zwischen Ost- und Westdeutschen abzubauen. Doch sie können ihn nicht hören. Die westdeutschen Messegäste unterzeichnen Verträge oder ordern bereits Urkrostitzer-Export-Pils, die gebeutelten Ostdeutschen stehen auf dem Augustusplatz. »Wir lassen unser Sachsen nicht kahlschlagen«, röhrt der Gewerkschaftsfunktionär der Menschenmenge zu, die er kurz zuvor auf 60000- bis 80000köpfig taxiert hat. Er ist bemüht, den bayerischen Akzent ein wenig wegzudrücken. Es kommt Bewegung in die roten IG-Metall-Fahnen. Nicht viel.

Populärer sind da schon die Angriffe auf unseren Kanzler. Sein Versprechen, daß es keinem schlechter gehen wird, haben die Leipziger noch im Ohr. Es gibt ihnen ein wenig von der Wut, die sie brauchen. Er hätte bestimmt keinen leichten Stand hier am Montag. Er weiß es vermutlich. »Kohl weg«, »Mach Schluß, Helmut« rufen zunächst einige, dann immer mehr. Heftig bejubelt wird schließlich die Vermutung des IG-Metallers angesichts eines über dem Augustusplatz kreisenden Hubschraubers. »Vielleicht beobachtet er uns jetzt von oben. Das ist ja ohnehin seine beliebteste Position.« Erst als der nächste Redner vorsichtig daran erinnert, daß unter den Anwesenden womöglich auch einige sind, die dem Kanzler hier vor Jahresfrist zujubelten, dämpft sich die Lautstärke des Kohl-Frustes ein wenig.

»No ja«, schnieft Kurzarbeiter Manfred Meier,

»ich war damals schon dabei. Freilich hab ich ihm da einiges geglaubt, was er uns versprochen hat«, gibt er zu, um im nächsten Atemzug zu versichern, »aber zugejubelt hab ich ihm nicht«. Der 56jährige Drucker wundert sich vor allem über die Vehemenz, »mit der die uns über den Tisch gezogen haben«. Und ärgert sich über die Wessis, »die sich jetzt hier überall einmischen. Die wollen sich doch bloß was zur Rente dazuverdienen. Auch unser Oberbürgermeister.«

Der arbeitslose Schlosser Horst Köditz dagegen kann sich nur wundern über soviel Leichtgläubigkeit. Während er sein Transparent »Platz der Verkohlung« nach der Kundgebung gewissenhaft auseinanderschraubt, erklärt er: »Mit Speck fängt man Mäuse. Das war mir schon damals klar. Ich hab doch Westverwandte. Da wußte ich schon, wie das läuft. Den Politikern darfst du nicht glauben, Junge.«

So ein bißchen ungutes Gefühl haben offenbar viele gehabt, die damals Fahnen schwenkten. Auch Schweißer Michael Heuser wußte eigentlich, »daß die CDU keine Arbeiterpartei ist«. An der Urne, gibt er zu, hat er sich von dieser Erkenntnis allerdings nicht leiten lassen. »Es war der schnellste Weg. Alles andere, hab' ich gedacht, dauert zu lang.« Muß er eben wieder auf die Straße. »Was bleibt uns denn?«

So denken viele. Nur die Ohnmacht treibt sie auf die Straße. Sie sind erst einmal gekommen, um ihr Leid zu teilen. Viel mehr geht nicht. Weil die Wut kein eindeutiges Ziel mehr hat. Die Feinde der Ohnmächtigen sind nicht so leicht auszumachen wie im Revolutionsherbst. Da ist die Bundesregierung, die Treuhand natürlich, da sind die arroganten Wessis, die alten Seilschaften und auch Honecker und Mittag mit ihrem schweren Erbe.

Nur die Angst des einzelnen ist noch konkret. Vor der Arbeitslosigkeit, den steigenden Mieten. Sie drückt die Köpfe nach unten. Die importierten Gewerkschaftsfunktionäre haben ihnen eigentlich nichts zu sagen. Nur die Standards eben, die je nachdem beklatscht oder bebuht werden.

»Tja, damals, das war 'ne ganz andere Stimmung«, erinnert sich Manfred Meier wehmütig, tritt seine Kippe aus, läßt seine Frau unterhaken und macht sich mit den anderen auf den Weg. Sie kennen ihn ja noch. Auf den Ring, der auch an diesem Montag für sie gesperrt ist. Vorbei am Hauptbahnhof, am Hotel Astoria. Wie damals.

Zwischen den Demonstranten kurven Mercedes-Kleinbusse mit Offenbacher Kennzeichen. Die Megaphone auf ihren Dächern pumpen Losungen in den Zug. »Wir wollen nicht in den Westen pendeln. Wir wollen Arbeitsplätze in Sachsen.« Die Stimmung erinnert ein wenig an die Vorwende-Maikundgebungen. Am Straßenrand, gegenüber dem Hauptbahnhof, gibt Oberbürgermeister Lehmann-Grube einem ausländischen Fernsehteam ein Interview. Auf englisch. »Spricht auswärtsch«, stellt jemand aus der Menge ernüchtert fest und zieht weiter.

20. März 1991

Turbulenz in der Kontaktzone

Wanfried, Niederdorla, Mühlhausen oder die Wartburg – wo liegt unser Mittelpunkt?

Was eigentlich ist mit Helgoland? Und zählt der Festlandsockel? Nehmen wir Rügen mit rein? Lassen wir die Berge und Täler als platt durchgehen, oder was? Und wie schließlich gehen wir mit den sensiblen Hoheitsgewässern um? Fieberhaft muß es in den Kartographenhirnen pulsiert haben, als mit dem Tag der deutschen Einheit die hochwichtige Frage nach dem Mittelpunkt des neuen Deutschlands plötzlich auf der Tagesordnung stand. Bis heute fanden sie keine endgültige Antwort. So sehr das schmerzt.

Solange warten konnten die Medien nicht. Zum Einheitsfest mußte ein originelles Einheitsthema her. Die waren selten genug. So kam es, daß einige Gemeinden ihre zentrale Lage feierten. Eben noch Provinz, plötzlich Metropole.

Ein Rundfunkredakteur hatte beim einheitsvorabendlichen Blick auf die vergrößerte Deutschlandkarte wohl bemerkt, daß Wanfried eigentlich ganz schön in der Mitte liegt. Und weil nicht mehr viel Zeit blieb, rief er am nächsten Morgen den Bürgermeister des hessischen Dörfchens an und teilte ihm seine Vermutung unverblümt als Gewißheit mit.

»Auch nicht schlecht«, antwortete Bürgermeister Otto Frank gelassen, »sind wir eben Mittelpunkt.«

Die alten Wanfrieder Honoratioren aber waren aus dem Häuschen. Plötzlich sollte ihr guter alter

Ort, der die letzten 40 Jahre am Zonenrand vor sich hingedämmert hatte, am Ende ihrer Tage verdienten Ruhm erlangen. »Das ist auch richtig so«, schreit mir Helmut Kalden ins Ohr und zippelt ein wenig am Hosenboden seiner Kniebundhose. »Hier war nämlich früher der Endhafen der Werra-Fulda-Schiffahrt«, brüllt der 68jährige Geschäftsführer a. D. der hiesigen Druckerei, der »bereits in fünfter Generation« im Städtchen lebt. Als Beweis für seine Behauptung, daß Wanfried seinerzeit der wichtigste Flecken in der Mitte Deutschlands gewesen sei, führt er ein bleischweres Argument ins Feld: »Wir nämlich erhielten das Stadtrecht vor Eschwege.«

Sein ebenfalls pensionierter Freund, Wolfgang von Scharfenberg, hatte noch einen weiteren Grund, begeistert zu sein – den Stein. Im Jahre 1880 hatte sein Großvater zu Ehren Bismarcks den markigen Spruch: »Einst war ich ein Grenzstein – heut steh ich im Land – Gott schütze unser Vaterland« in einen ehemaligen Grenzstein meißeln lassen. Und weil der Bezug so hübsch war, immerhin waren erneut Grenzen gefallen, beschloß man bei einem Gläschen Wein, die Mitte Deutschlands auf eben jenen Bismarck-Sockel fallen zu lassen. »Das wär' auch ganz praktisch gewesen, weil er ja so dicht an der Chaussee liegt«, erläutert der Gutsbesitzer, während wir uns in die Reitstiefel zwängen. Ganz so dicht bei der Chaussee liegt er dann nämlich doch nicht, der Stein. Wir müssen über einen Teil der feuchten Wiesen der 400 Hektar großen Ländereien derer von Scharfenberg stapfen und uns durchs altehrwürdige Unterholz schlagen, bis wir auf den Beinahe-Mittelpunkt unseres Vaterlandes stoßen. »Tja«, stöhnt der 77jährige Gutsherr a. D. angesichts des verwitterten Vermächtnisses seines Großvaters, »das hat ja nun nicht geklappt.«

Er ist ein bißchen außer Atem und ein bißchen traurig. Später, in der Halle seines kleinen Schlosses, hat er sich wieder im Griff. »So ernst hab ich das eigentlich nicht genommen.« Hinter ihm an der Wand sind die Feldstücke aufgelistet, die er in den vergangenen 40 Jahren vorübergehend an die DDR abtreten mußte. Zusammengenommen sind das noch mal 500 Hektar.

Wanfrieds Bürgermeister Otto Frank dagegen hat allen Grund, gelassen zu sein. Nichts braucht er im Augenblick weniger als einen Touristenmagneten. Die Einkäufer aus dem Osten bevölkern die Straßen und die Gastarbeiter aus dem Westen die Hotelbetten der einstmals verschlafenen Ortschaft auch ohne Deutschlanddenkmal. Der Bürgermeister schließt das Kapitel Mittelpunkt endgültig: »Ich engagiere mich nicht gerne für etwas, damit die halbe Welt hinterher sagt, der tickt doch nicht richtig.«

Das muß Ludwig Schönfeld schon in Kauf nehmen. »Wir haben doch sonst nichts. Jetzt, wo auch noch die Käserei zugemacht hat.« Tatsächlich ging's der 1 700-Seelen-Gemeinde Niederdorla im Thüringischen, die Schönfeld regiert, schon mit Käserei nicht gut. Jeder Dritte ist arbeitslos, und das Geld in der Gemeindekasse denkbar knapp. Die traurigen Augen hat der Bürgermeister nicht von ungefähr.

Da kam ihm der DFF-Moderator Hans-Joachim Wolfram von der »Außenseiter-Spitzenreiter«-Sendung gerade recht. Bewaffnet mit dem Schild »Mittelpunkt Deutschlands«, das er vor den Toren Niederdorlas in den Acker rammte. Sogar dem pfiffigen Sachsen fiel zur Einheitssendung offenbar nichts Besseres ein als der abgegessene Mittelpunktsgag.

Aber lassen wir das. Es wäre ja auch nicht so

schlimm, wenn nicht ganz Niederdorlas Hoffen und Bangen auf dieses kleine graue Fleckchen Eichsfelder Acker gerichtet wäre. Abgekämpft und müde lehnt der Bürgermeister am Hoffnungsträger. Nur schwerfällig kommt sein trauriges Gesicht der Fotografen-Forderung nach, doch einmal zu lächeln. Wie er da so steht, das tapfere Grinsen überm viel zu großen Hemdkragen, der auf den fadenscheinigen Revers des ausgebeulten Anzugs ruht, die grauen Häuschen seiner Gemeinde im Rücken und den vermeintlichen Mittelpunkt Deutschlands unter den abgetretenen Schuhen, so tragikomisch ist die ganze Zentrumgeschichte.

Die Niederdorlaer nämlich denken ziemlich ernsthaft, daß die Touristen nun in Scharen zum Mittelpunkt pilgern, um sich gegenseitig unter der jüngst gepflanzten Linde abzulichten. Man steckt ja nicht so richtig drin im Deutschen. Bislang blieb der Touristenstrom jedenfalls aus. »Vielleicht, wenn wir hier eine Gaststätte hinbauen und ein paar Gondeln auf dem kleinen Teich dort drüben fahren lassen«, hofft Ludwig Schönfeld. Vielleicht sollten sie erst einmal das Schild entfernen, das vor der Zufahrt zum gelobten Land warnt: Gesperrt, außer für LPG-Fahrzeuge.

Im Juni, das steht fest, soll der Mittelpunkt noch mal richtig ausgiebig gefeiert werden. Drei Tage lang, wenn's nach dem Bürgermeister geht. Weil die letzte Feier, die Ende Februar anläßlich der gepflanzten Linde ausgerichtet wurde, doch etwas holterdiepolter durchgezogen werden mußte. Die edlen Lindenspender einer Gütersloher Baumschule konnten auf die organisatorischen Bedenken des Bürgermeisters nämlich keine Rücksicht nehmen. Weil sie die historische Stunde gleich noch mit der Präsentation der hauseigenen »größten Verpflanzmaschine der Welt« verknüpfen wollten. Und weil sie die größte Verpflanzmaschine der Welt gleich mitgebracht hatten, und weil Verpflanzmaschinen dieser Größenordnung verständlicherweise nicht wochenlang nutzlos rumstehen können, mußte die Gütersloher Baumschule terminseitig ein bißchen Druck ausüben.

So ging das Freibier relativ zeitig aus, aber dafür hielt der bestellte Festredner aus dem nahen Mühlhausen eine bewegende Rede, in deren Verlauf die Gütersloher Baumschule mehrfach lobend erwähnt, aber auch Niederdorlas neue Situation überaus treffend charakterisiert wurde: »Es ist aus jahrzehntelanger Westthüringer Randlage in die turbulente Kontaktzone zwischen Hessen und Thüringen geraten.«

Was den Mittelpunkt angeht, scheint mit der Lindenpflanzung zu Niederdorla wieder Ruhe in die turbulente Kontaktzone eingekehrt zu sein. Sie kann trügerisch sein. Denn ob Wanfried, Krebeck bei Göttingen, Mühlhausen, Meiningen, Flechta und die Wartburg über Eisenach (mit hohem symbolischen Wert), die allesamt kurzzeitig als Mittelpunkte gehandelt wurden, nicht heimlich hochkarätige Kartographen beschäftigen, weiß niemand. Womöglich greift demnächst auch die eine oder andere Gemeinde außerhalb der turbulenten Kontaktzone ins Geschehen ein.

Zum Beispiel Pauscha bei Naumburg. Das kleine, graue anhaltinische Dörfchen liegt zwar außerordentlich weit neben der deutschen Mitte, doch in Agenturmeldungen taucht es immer wieder als Mitbewerber auf. Warum, weiß nicht einmal der Bürgermeister. Will er mich jetzt veralbern, oder was, fragen die Augen von Rainer Schirm, als ich ihm die Nachricht überbringe. »Hier ist doch niemals die Mitte«, überzeugt er sich auf der Landkarte. »Höchstens«, grübelt er, »wenn man die Ostgebiete mit einrechnet.«

30. März 1991

0/1/12/6
Probleme im gemischten Polizistendoppel

»Ich hab meinem Mann einen Adventskalender geschenkt«, sagt die Polizistengattin zu ihrer Freundin. »Und?« fragt die Freundin. »Er begreift das Prinzip nicht«, stöhnt die Polizistenfrau. Man sieht ihren Mann mit dem Gummiknüppel gegen die Adventskalenderfensterchen pochen. Er ruft: »Aufmachen, Polizei.«

Es ist nicht mehr zu ermitteln, seit wann die Karikatur am Kleiderschrank der Polizeiwache hängt. Aber so haben sich die Westpolizisten die Ostkollegen schon vorgestellt, die seit November vorigen Jahres auf dem Charlottenburger Abschnitt arbeiten. Vielleicht nicht ganz so blöd. Aber ein bißchen blöd schon. Heute, ein halbes Jahr später, antworten sie pflichtgemäß: »Wir sind positiv überrascht. Die Zusammenarbeit klappt vorzüglich.«

Wachleiter Beyer führt die Nachtschicht im Charlottenburger Revier. »Die Kollegen sind freundlich und hilfsbereit«, rezitiert der dienstalte Westberliner Polizist, »und sehr, sehr willig. Sie nehmen ohne Widerspruch hin, was man ihnen sagt.« Ich stecke mir eine Zigarette an und gucke ein bißchen verschwörerisch. »Nun ja, von der Ausbildung her sind sie natürlich weit, weit unter unserem Niveau«, senkt er seine Stimme und flüstert: »Vor allem, was die Rechtschreibung angeht. Sie machen sich ja kein Bild.« Wobei er einen gequälten Gesichtsausdruck improvisiert. »Ist ja auch kein Wunder, schriftliche Arbeiten brauchten sie praktisch gar nicht zu tätigen.«

Wachleiter Beyer ist sich nun wohl restlos sicher, mit einem Verbündeten zu schwätzen. »Hey, du da. Ja du. Bleib mal stehen.« ruft er einem kleinen Polizisten zu, der die Wache eben verlassen will. »Hier haben wir noch eine typische Ostuniform«, erklärt er die Anzugsordnung des Kleinen. »Einige haben aber auch schon richtige Uniformen. Ist gut, du kannst gehen.« Verschüchtert dackelt der Kleine mit den leeren Schulterstücken ab.

Beyer faßt zusammen: »Sagen wir mal. Menschen sind sie, natürlich, bleiben sie auch. Sagen wir mal. Kollegen zweiter Klasse, ja genau. Das sind sie schon. Aber willig.« Vorurteile, meint er, habe er keine. Zum Anfang, gesteht er, sei es schon ein bißchen komisch gewesen. Wegen der politischen Verantwortung und so. Nunmehr aber ist er sich sicher, »unsere hier sind Harmlose«.

72 ehemalige Volkspolizisten, vorwiegend aus dem Stadtbezirk Mitte, arbeiten hier auf dem Charlottenburger Abschnitt 32. Die Charlottenburger schickten dafür etwa ebenso viele Schutzpolizisten in den Ostteil. Nunmehr sind auf ihrem Abschnitt insgesamt etwa 200 Mann im Einsatz. Verantwortlich für 14 Quadratkilometer Fläche, 110 000 Bürger, die Wilmersdorfer Straße, sechs Parkanlagen, den Kaiserdamm, etliche Warenhäuser, 51 Laubenkolonien und vieles mehr.

Heute nacht überwachen dieses Gebiet 0/1/12/6. »0, das sind die Goldnen, 1 die Silbernen, 12 die Normalen und 6 die Ossis«, klärt Wachleiter Beyer die verschlüsselte Hierarchie auf. »Zu den Sechsen gehört unser Riesenbaby da«, grinst Beyer. Das »Riesenbaby« heißt Frank Göbel, ist 35 Jahre alt und früher auf dem Alexanderplatz Streife gelaufen. Er ist 2,04 Meter groß, wiegt 125 Kilogramm und gab damit der Westberliner Effektenkammer Probleme auf, weswegen er immer noch seine spezialangefertigte Volkspolizistenuniform trägt. »Nächste Woche ist die Hose fertigt«, freut sich Göbel, »meine Freunde nennen mich übrigens Franky.«

Offenbar wird eine ganze Menge berücksichtigt bei der Zusammenstellung eines Polizistenpärchens. Göbels Partner für diese Nacht, der 27jährige Polizeiobermeister Rainer Kazmiersky, ist mit 198 cm Größe nur unwesentlich kleiner als das Riesenbaby. Außerdem rauchen beide recht intensiv. »Zwanzig Kippen pro Schicht mindestens, nich Rainer?« schätzt Göbel.

Zwischen den Rauchpausen besänftigen sie nächtliche Ruhestörer, beobachten »verdächtige Fahrzeuge«, trennen hitzköpfige Eheleute, nehmen Verkehrsunfälle auf und Körperverletzer fest. Es ist eine ruhige Nacht. »Fast zu ruhig«, glaubt Göbel. Ein Körperverletzer, der sich selbst stellt. »Ich hab dem Alfred Pichler eben eine vor die Birne gehauen.« Eine Bürgerin beschwert sich, der junge Mann unter ihr habe die Stereoanlage so laut aufgedreht, daß bei ihr der Boden vibriert. Wobei sich herausstellt, daß der junge Mann unter ihr gar nicht zu Hause ist. Und einen bemerkenswerten Verkehrsunfall. Auf der völlig leeren Stadtautobahn ist ein VW-Bus einem nagelneuen Opel recht vehement in den Kofferraum geprescht. Menschen kamen nicht zu Schaden. Der Fahrer des VW-Busses muß schon vorher ziemlich geschwankt haben. So wie er riecht. »Die Sache ist die«, lallt der Mann traurig, »ich besitz' keinen Führerschein.«

Wenigstens ist das Auto nicht geklaut. Und der Sünder reumütig. »Ich bin noch nie Auto gefahren. Das erste Mal, und gleich macht's bumms«, wundert er sich. Humor hat er auch. Später beim Alkoholtest, nachdem er dem Dienstarzt beim Kreistraining fast in die Arme gestolpert wäre, behauptet er: »Ich hab nur drei Bier getrunken. Clausthaler, alkoholfrei.«

Ich mach' mir bald in die Hosen. Göbel und Kazmiersky lachen nicht. Verkehrsunfälle sind nicht komisch. Da haben sie schon zu schlimme Sachen erlebt. Rücksichtslose Autofahrer kennen keine Grenzen. »Der Amtsweg war ein bißchen anders«, erinnert sich Göbel, »aber im Prinzip war's schon dasselbe.« Und sein Westkollege assistiert: »Unfälle, Körperverletzung und Ruhestörung gab's doch drüben auch. Mehr haben wir hier auch nicht zu tun. Das wichtigste ist sowieso, daß ein Polizist auf die Menschen eingehen kann.« Da hat Göbel mit seiner Bärenhaut wohl ohnehin keine Probleme. Geduldig hört er sich in dieser Nacht die Sorgen der Mitbürger an. Verliert auch nicht die Nerven, als die Frau, deren Boden vibriert, sie ein erneutes Mal zu Hilfe ruft. Und der Nachbar immer noch nicht zu Hause ist. Ihn hat, nach eigner Aussage, auch noch kein Bürger als Ostbulle oder Stasischwein beschimpft, wie das anderen Kollegen schon öfter passiert ist. Wär' auch nicht so schlimm. Göbel hat keine Probleme mit seiner Vergangenheit. Nur ab und zu rutscht ihm etwas wie »negative Elemente auf dem Alexanderplatz« in eine Bemerkung. Ansonsten scheint seine Weste rein zu sein. »Ich war im Oktober 89 im Urlaub. Ich hab' mir also nichts vorzuwerfen.« Sein Streifenpartner stellt keine Nachfragen. Es ist nicht sein Job.

Die beiden verstehen sich. Sie bieten sich unentwegt Zigaretten an. Kazmiersky gesteht, bei seinem Ost-Opa mal eine Karo probiert zu haben, und Göbel findet, daß die Kollegen auf dem Revier, »eigentlich alle Kumpel sind. Rainer besonders.«

Naja, der unterschiedliche Verdienst. »Das würde schon böses Blut geben, wenn die Ostkollegen genausoviel bekämen wie wir«, ist Kazmiersky ehrlich. »Geht schon in Ordnung so«, ist Göbel bescheiden, »ich bezahle ja auch viel weniger Miete.« Kazmiersky läßt nicht den Chef raushängen, und Göbel ist lernwillig. Sie kommen schon über die Nacht.

Wir müssen ins Revier am Kaiserdamm, um den Unfall zu den Akten zu legen. Die Kollegen langweilen sich bei einem Softporno, die Kaffeemaschine dampft, die Aschenbecher quellen über, die Schreibmaschinen warten. Göbel und Kazmiersky zwängen sich hinter die mechanischen Monster. Kazmiersky hatte zwei Wochen Maschinenschule, Göbel nutzt exakt einen Finger. Das dauert.

»Schreib' ich, hintere Heckpartie voll eingedrückt, Rainer?« »Ja.« »PKW war doch D wie Dora, nich Rainer.« »Ja, ja!« Rainer ist schon bei der Unfallskizze (der bürokratische Aufwand ist gigantisch) und bekommt einen leicht genervten Gesichtsausdruck, wenn die nächste Frage vom Schreibmaschinentisch kommt, wo Frank Göbel mit dem rechten Mittelfinger arbeitet. Göbel schwitzt ein wenig.

Kazmiersky trinkt Kaffee im Fernsehraum, und sein Beifahrer wartet, was sie wohl diesmal zu seinem Protokoll sagen. Vier Wochen war er vor kurzem »uff Schule«. Den Rest erledigt er nach Dienstschluß. Statt Fernsehen. »Ich bilde mir ein, die wichtigsten Gesetze inzwischen zu kennen. Das Grundgesetz vor allem, natürlich.«

»Frank, Frank. Langsam müßtest du ja mitgekriegt haben, daß wir inzwischen 1991 haben«, gibt der Wachhabende Göbel das Protokoll zurück. Göbel ist nur noch 1,90 groß. »Sonst noch wat falsch?« »Ja. Rückpartie schreibt man mit ie.« Kompagnon Kazmiersky steckt den Kopf zur Tür rein und grinst. Göbel ist noch 1,80. Er muß noch mal von vorne. Traurig baumelt seine Krawatte drei Hemdknöpfe überm Hosenbund. Der dicke Mittelfinger sucht vorsichtig die richtige Taste. Er ist allein. Die Kollegen lachen zwei Zimmer weiter. Rückpartie mit ie.

Nach dem Nachsitzen schlurft Göbel zu den anderen. Bietet Zigaretten an. Versucht, den Stachel zu lockern. Was soll's, sie müssen weiter. Es ist vier Uhr früh. Göbel und Kazmiersky, das Pärchen, gehen zum Streifenwagen. Kazmiersky setzt sich hinters Steuer. Göbel geht zum Eisentor und sperrt es auf. Franky hat ihn heute nacht keiner genannt.

8. April 1991

Kugel im Kopf
Der spielerische Umgang mit einem Grenzverletzer

Vor gut drei Wochen fegte vom Rennsteig ein scharfer Sturm in die Berge und Täler um Suhl. Er knickte Bäume wie Streichhölzer. Mit letzter Kraft erreichte er den Bössel. Einen Berg, von dem man einen herrlichen Blick auf das thüringische Städtchen Suhl hat. Und räumte gehörig ab. Der Wald hier oben hatte dem Sturm nicht viel entgegenzusetzen.

Anfang der 80er Jahre beschnitt man ihn in militärischem Auftrag. Auf dem gerodeten Areal wurde dann etwas Beachtliches errichtet. Ein anderthalb Kilometer langes Stück Staatsgrenze. Weit weg vom Klassenfeind.

»Wir hatten immer Probleme mit der praxisnahen Ausbildung. Die Sowjetgrenzer übten an täuschend echten Grenzanlagen. So was brauchten wir auch«, argumentiert der ehemalige Kommandeur der Offiziershochschule der Grenztruppen, Generalmajor a. D. Harald Bär. »Wir haben das absolut perfekt nachgebaut«, erinnert sich der pensionierte Grenzgeneral. »Sonst hätt's ja auch keinen Zweck gehabt. Ein Pilot trainiert ja auch nicht am Papierdrachen.«

Der General hat sich lange vor der Wende in sein hübsches Einfamilienhaus am Suhler Stadtrand gerettet. Sein Armdurchschlag geht immer noch bis auf Koppelschloßhöhe, sein Blick ist wach und sein Gesicht gebräunt. Doch oben auf dem Berg siecht sein Lebenswerk. »Alles verwüstet, verwildert, verrottet und sinnlos zerstört«, klagt der General. Ihm und seinen Genossen war da eine ganz ordentliche Kopie der richtigen Grenze gelungen. Mit Wachtürmen, einer »vernünftigen Führungsstelle« (Bär), Grenzpfählen, Fahrzeugsperren und natürlich viel, viel Maschenzaun und Stacheldraht.

»Es war wie ein Spiel, wie Sportunterricht«, erinnert sich Bernd Klewe*, der hier Mitte der 80er Jahre ausgebildet worden war. Die Offiziersschüler spielten Räuber und Gendarm, spielten Zuführung und Warnschuß, spielten Provokateur und Republikflucht. Die Besten durften sich schwarze Overalls überstreifen und wurden dann von den anderen gesucht. Weil sie die Grenze verletzt, Steine geschmissen hatten oder einfach abhauen wollten. Es war eine Belohnung, gesucht zu werden.

Die anderen mußten reagieren. Wie, das hing von der »Einlage« ab. Die heckten die Lehrkräfte aus und flüsterten sie dem Gejagten ins Ohr. Manche Einlagen forderten ihn auf, bereits nach dem ersten Warnschuß stehenzubleiben. Andere erlaubten ihm, auch nach dem zweiten Warnschuß weiterzulaufen. Der zweite Warnschuß war an der Staatsgrenze der letzte Warnschuß. Geschossen wurde mit Platzpatronen. Das war der Unterschied zur Staatsgrenze.

Heute bläst der Wind durch die in der Wendewut zertrümmerten Wachturmfenster. An den fest verankerten Grenzpfählen haben sich Souvenirsammler die Zähne ausgebissen. In der »vernünftigen Führungsstelle«, die seinerzeit mit Elektronik vollgestopft war, zerfallen »Junge Welt« und »ND«-

---

* Name geändert

Ausgaben aus dem Sommer 89. »Weiter voran auf dem bewährten Kurs der Einheit von Wirtschafts- und Sozialpolitik«. Die Uhren sind plötzlich stehengeblieben auf dem Bössel. Der Untergang ist konserviert.

»Natürlich hatten wir zwischendurch mal ein Praktikum an der richtigen Grenze«, erinnert sich der ehemalige Offiziersschüler Klewe. »Aber dann der richtige Einsatz war doch was anderes. Man hat gespürt, wie sie versucht haben, uns ein System einzuimpfen, das sich im Ernstfall von allein auslöst. Ich hab' keinen Ernstfall erlebt. Glücklicherweise.« Er sei sich nicht sicher, ob das System ausgelöst worden wäre. Im Ernstfall.

Major a. D. Wanja Berner, der zu den etwa 400 Lehrkräften der Hochschule zählte, scheint die Übungsgrenze nur vom Hörensagen zu kennen. »Ich war Chemiker«, behauptet der 35jährige Mann. »Da sind Sie beim Falschen«, freut er sich. »Leider.« Ganz falsch sind wir dann aber doch nicht. Denn eigentlich sei er schon Grenzer, gesteht Berner. »Von der Sache her.« Als solcher hat auch er einmal Offiziersschulen besucht und die ganze leidige Argumentationskette im Blut, die im übrigen jeder 10-Klassen-Schüler büffeln mußte. Bei Berner sitzt sie etwas fester. »Wir haben da ja nicht aus Spaß gestanden. Sondern auf der Grundlage von Gesetzen«, rechtfertigt der arbeitslose Major.

»Und wer Gesetze verletzt, muß mit den Konsequenzen rechnen«, redet Berner und sucht nach einem treffenden Beispiel. »Wenn jemand aus dem Gefängnis flieht, sagen wir mal, muß er ja auch damit rechnen, eine Kugel in den Kopf zu bekommen.«

Offiziersschüler Klewe gehörte zu denen, die in den 89er Herbsttagen an der Berliner Grenze stehen mußten. Da spürte er, wie die alten Argumentationsraster verblaßten. Der harmlose Lehrgrenzabschnitt im Suhler Wald war so weit weg wie nie. Er hatte Angst. »Die leitenden Offiziere verbreiteten eine Art Frontstimmung. Sie rasten mit den Wartburgs durch den Grenzstreifen, sprangen raus und wieder rein. Manchmal verteilten sie sogar Zigaretten.«

Oberst Werner Janitz ist zu alt und zu verbittert, um die Kurve zu kriegen. Der ehemalige Kommandeur der Sektion Grenzsicherung wird in seiner kleinen Neubauwohnung bleiben und auf den Tag seiner Pensionierung warten und dann weiter, immer gebrandmarkt durch die Adresse, von der jeder weiß, wer dort wohnt. Zu Hause waren er und seine Frau ohnehin nirgendwo, neunmal mußten sie befehlsweise umziehen. Immer auf der Hatz. Ein Grenzerleben.

Das macht ihm nichts. Er steht zu dem, was er über 30 Jahre seines Lebens getan hat. Erst nach der deutschen Einheit ist er das erste Mal ins ehemalige Feindesland gefahren. »Ich stand 36 Jahre lang an der Grenze eines Staates, der mein Ideal war, mein Ziel.« Wie Berner bemüht er alte Argumente. Das von der mexikanisch-US-amerikanischen Grenze beispielsweise, die man sich mal angucken solle, weil sie viel schärfer bewacht sei, als die deutsch-deutsche es war. Angucken ist gut. »Natürlich gab es auch ein paar Beschränkungen. Aber wir haben schöne Urlaube in der Sowjetunion verbracht. Wir fühlten uns nie eingesperrt.«

»Die Lehrgrenze da oben?« erinnert er sich an unser Thema, »die haben wir gebraucht, na klar. Wir konnten die jungen Leute doch schlecht so an die Staatsgrenze schicken. Sie mußten das doch erst lernen.« Was lernen? »Na wie man mit Grenzverletzern umgeht zum Beispiel. Es gab ja Leute, die zielbewußt die Grenze verletzt haben. Die mußten gestellt, zugeführt oder auch ...«, der 54jährige zögert. »Na ja, schließlich gab's Warnschilder.«

An der Lehrgrenze wurden Zensuren verteilt. Leistungsziel war, den Angreifer, wie der Flüchtige genannt wurde, in jedem Fall zu kriegen. Notfalls mit dem gezielten Schuß. »Wenn es die Situation erforderte, und du hast dennoch nicht geschossen«, erinnert sich Schüler Klewe, »gab's eine Fünf.«

18. April 1991

Sehnsucht nach Unsterblichkeit
Wie das Thüringer Städtchen Bad Frankenhausen mit Tübkes Monumentalgemälde zurechtkommmt

Julius II. war zufrieden. Wohlwollend registrierte er die bewundernden Blicke, die entzückten Seufzer. Selbst Raphael schien begeistert. Mein Gott, Raphael, der Michelangelo auf den Tod nicht ausstehen konnte. Es war schon eine weise Entscheidung gewesen, diesem Michelangelo den Zuschlag zu geben. Er war zwar etwas mürrisch mitunter. Aber genial und besessen. Stolz reckte der Papst sein Haupt zur Decke der Sixtina, die vom Künstler so dekorativ bemalt worden war. Nun gut, er hätte sich vielleicht das eine oder andere Körperteil der Abgebildeten eher verhüllt vorstellen können. Aber schließlich war er kein Maler, sondern Papst. Die Römer strömten jedenfalls in Scharen, um den Deckenschmuck zu bestaunen. Ein richtig würdiger Feiertag war das. Es war Allerheiligen 1512. Es regnete ein wenig in Rom. Julius II. war zufrieden.

»Natürlich wäre der Erich selber gerne hergekommen«, erzählte Margot Honecker einem Begleiter. »Aber er fühlt sich noch nicht so richtig.« Dabei wäre es gerade jetzt wichtig gewesen, daß der Generalsekretär präsent ist. Jetzt, wo manche Politbüromitglieder so verschwörerisch die Köpfe zusammensteckten. Da war irgendwas im Gange. Und Günther, dem man vertrauen konnte, war auch nicht dabei. Es war ja auch nicht seine Sache. Hier ging's um die Einweihung eines Monumentalgemäldes. Das war Kunst. Und für Kunst war Kurt zuständig. Schließlich hatte Hager vorhin auf dem Marktplatz von Bad Frankenhausen ja auch eine Grußadresse an den Generalsekretär verlesen. Vor 10 000 begeisterten Zuhörern.« »Aber es geht ihm schon viel, viel besser«, fügte die Volksbildungsministerin hinzu. Es war der 14. September 1989. Der Tag, an dem das Bauernkriegspanorama in Bad Frankenhausen enthüllt wurde. Margot Honecker folgte Professor Tübke und den Persönlichkeiten der Partei- und Staatsführung in den Bildsaal. Langsam ging das Licht aus.

»Es ist natürlich immer gefährlich, Analogien zwischen Künstlern herzustellen. Noch dazu, wenn sie fast 500 Jahre trennen«, grübelt Michael Wollenheit. Der junge Thüringer ist seit kurzem stellvertretender Direktor der Bauernkriegs-Gedenkstätte in Bad Frankenhausen. »Sowohl Michelangelo als auch Tübke haben im Auftrag der Macht gemalt. Das wäre schon einen Vergleich wert. Eigentlich haben auch beide die Aufträge genutzt, um i h r Bild zu malen. Wer sich nur an die Geldgeber hält, schafft in der Regel nichts Bleibendes.«

Michelangelo schuf Bleibendes. Er wird als Genie gefeiert. Millionen bestaunen seine Fresken in der Sixtinischen Kapelle. Die Zeit wird auch über Professor Werner Tübke richten. Nach Michael Wollenheits Meinung hat er die Feuerprobe bereits bestanden. »Wenn er den Schinken gemalt hätte, den sich seine Auftraggeber wünschten, hätte man das Ding schon im vorigen Jahr weggesprengt.«

So aber steht das »Ding«. Sie nannten es »liegendes Wagenrad« oder »heller Rundbau«, gaben ihm Attribute wie »modern«, »schlicht« und »nüchtern«, die Redakteure in den Kulturressorts der DDR-Presse. Manche vermieden, es überhaupt zu charakterisieren. Das Gebäude, das die selbsternannten Erben Thomas Müntzers da oben auf den Berg bei Bad Frankenhausen setzen ließen, auf dem im Mai 1525 die aufständischen Bauern ihre frühbürgerliche Schlacht blutig verloren. Es sieht grauenvoll aus. Die Leute aus Bad Frankenhausen nennen es Elefantenklo.

»Wenn du mich fragst, es verschandelt die Landschaft, übelst«, überschreit Axel Stürtz Vanilla Ice. Die Disko im Bad Frankenhausener Jugendklub befindet sich auf erstaunlich hohem technischen Niveau und Axel Stürtz ist 19. Er kennt den Bau nur aus der Talperspektive, das reicht ihm. Das Barmädchen hat müde, braune Augen und war einmal oben auf'm Berg. Sie hat das alles nicht verstanden. »Weil, die Führung war sauschlecht.« Ihr fällt aber was ein. »Mußt'e mal die Jeanette fragen. Die studiert.« Ich verabrede mich und fahre auf den Schlachtberg.

Die Straße, die sich zum Panorama hinaufwindet, ist am Abend verlassen und gut. Wie ein roter Teppich wurde sie seinerzeit für die zu erwartenden Persönlichkeiten bereitet. Der Kunstgenuß sollte durch nichts getrübt werden. Der Parkplatz auf dem Plateau ist überdimensioniert. Es gibt eine kleine Bushaltestelle, an der eine Sonderlinie die Touristenströme ausspucken soll. Damals, am 14. September, sollen hinter den Kiefern des Schlachtberges Scharfschützen gehockt haben, erzählt man in Bad Frankenhausen. Heute ist nicht einmal die Holzpforte zum Gedenkgelände verschlossen. Die Scharniere stöhnen leise, als ich sie aufstoße.

So verlassen, wie in dieser Stunde, ähnelt das Gelände einer Weihestätte. Gespenstisch. Stephen King hätte seinen Spaß hier oben. Wie Bajonette sind 15 Meter hohe Fahnenmaste in den Beton gepflanzt worden. Kein Flecken blieb unzementiert. Ein Appellplatz, zugepflastert mit Terrazzoplatten. Betonbänke, -wände, -mauern. Ein Diktatorentempel. Nicht nur die Riesenschüssel, auch Hallen, Balkone, Plätze und Zufahrten drumherum zeugen vom erlesenen Geschmack der Bauherren. Hinten hat der vorletzte Direktor noch ein Tor hinsetzen lassen, das jeder Kaserne zur Ehre gereicht hätte. Aber die Forsythiensträucher, die ein barmherziger Gärtner an einer Ecke der Gedenkstätte pflanzte, blühen.

»Wir müssen dem Ding seinen Tempelcharakter nehmen«, stöhnt Michael Wollenheit. »Vor allem aber hat es überhaupt keine Funktion. Mal abgesehen von der Beherbergung des Gemäldes.« Tübkes Idee, das Betonmonster hinter Rankpflanzen zu verstecken, verwarfen die neuen Museumsherren. Sie betrachten die großkotzige Architektur gewissermaßen als Zeitzeugen. Den wollen sie mit Wanderausstellungen und Archiven ausstopfen. Damit die Leute nicht nur wegen Tübkes Panorama auf den Berg klettern.

Vor allem den Bad Frankenhausenern wollen sie behutsam die Wut nehmen. Tag für Tag mußten sie mitansehen, wie dort oben Millionen verpulvert wurden, während ihre eigenen Häuschen immer mehr zusammensackten. Etwa 54 Millionen Mark soll das Ganze gekostet haben, genau weiß es keiner. Das wenigste hat Tübke selbst kassiert. »So um die drei Millionen etwa«, schätzt Wollenheit. Alles geschah hinter dichten Zäunen, die von Wachhunden umrundet wurden. Da entstanden natürlich Gerüchte, wuchs die Wut, unten im Ort, Bilderstürmerei in der zügellosen Revolutionszeit hat es nicht gegeben. Wollenheit dankt das Tübkes Werk. »Das Bild rettet das Ganze. Es strahlt irgendwie Respekt aus.«

Im »Black & White« wird bis um vier Uhr morgens ausgeschenkt. Es öffnete vor zwei Monaten und sieht genauso aus wie es heißt. Im Rücken der blonden Bardame windet sich Madonna auf MTV. Der Nachtstreifenpolizist kippt eben noch einen Viertelliter, bevor er sich hinters Steuer klemmt. In einer halben Stunde wird er wieder da sein. »Jason« begutachtet meinen Presseausweis fachmännisch, ich betrachte derweil seine nachlässig tätowierten Unterarme. Als wir damit fertig sind, sagt er mir zwar immer noch nicht seinen richtigen Namen, glaubt mir aber wenigstens, »echt« zu sein. »Das Bild also«, hebt Jason an, »ist 'ne Messe. Ich steh auf so was Altes.« Tübke, erfahre ich, sei zwar ein enormer Scheißkerl und das Gelände auf dem Schlachtberg der letzte kommunistische Dreck, das Bild aber sei »übelst gut, unklar?« Besondere Gründe weiß Jason nicht. Eigentlich nur den einen. »Es ist nicht so 'n Scheiß wie Picasso. Man kann die Menschen drauf erkennen und alles. Du verstehst es nicht. Das ist Kunst.« Genau wie die beiden Madonnen-Bildnisse, die in seinem Flur hängen, erklärt Jason. Wir plaudern noch ein bißchen über den Kyffhäuserbund, der in Bad Frankenhausen viele Mitglieder gefunden hat. Jason schwärmt vom letztjährigen Treffen, wo »die alten Kameraden voll mitreißend gesprochen haben«.

Jeanette Steinitz, die Kunststudentin, flüstert mir am nächsten Morgen im Bildsaal zu, daß sie nichts sagen wird. Ich solle das Bild wirken lassen. Die sonore Museumsführerinnenstimme säuselt, daß wir Rezeptionsprobleme haben werden. Mit einem Nebensatz wird der »stalinistische Prunkbau« abgearbeitet. Dann geht das Licht langsam an, und Tübke überschwemmt uns mit seiner Farbenpracht.

Seinerzeit hantierte man vor allem mit Flächenangaben. Der aufschlußreiche Vorwendekatalog berichtet nicht nur von Beschlüssen des Politbüros des ZK der SED und des Präsidiums des Ministerrates der DDR, von Grundsatzdiskussionen, -entscheidungen und wissenschaftlichen Konzeptionen, auf denen Tübkes Werk basiere, er enthält auch solch bemerkenswerte Kalenderblätter: »Ende 1986 – Rund 1 500 Quadratmeter Malerei sind ausgeführt.« Es sollte eben das größte Bild der Welt werden.

45 Minuten lassen nur die Zeit, erschlagen zu werden. Dann versinkt nach Tübkes Regieanweisung das Gemälde wieder im Dunkeln. Kein Wunder, daß sich im ledergebundenen Gästebuch 23mal die Bemerkung: »Es war beeindruckend« findet. Die Mehrzahl der Eintragenden war beeindruckt bis begeistert. Jemand betrachtete das Gemälde als »hoffentlich das letzte Zeugnis deutschen Größenwahns«, ein anderer bedankte sich bei »W.T. und E.H.«. Am 7. Oktober 1990 schrieb ein Besucher aus Ingolstadt ins Buch: »Ein Staat, der solche Bilder in Auftrag gab, kann nicht nur schlecht gewesen sein.« Mein Lieblingsspruch ist aus diesem Jahr: »Der Redner war schlaftablettenmäßig. Meine Kumpels sind umgefallen wie die Fliegen.«

Es ist nicht so, daß Bad Frankenhausen gar nichts von dem Bauernkriegsdenkmal hatte. 40 Millionen Mark spendierte man dem Städtchen. Davon wurden Straßen und Kanalisation in Ordnung gebracht und Potemkinsche Dörfer errichtet. Die buntbemalten Fassaden und neuen Fenster, auf denen des Ehrengastes Auge wohlgefällig ruhte, verbergen verrottete Häuser und Höfe. Doch man bekam auch ein wirklich gutes Hotel dazu.

»Das hilft uns jetzt natürlich ein wenig«, erläutert Bürgermeister Karl-Josef Ringlepp. Er erzählt von der schönen Lage, dem nahegelegenen Kyffhäuserdenkmal, der Barbarossahöhle und meint, daß auch das Panorama in diese Aufzählung passen sollte, die die Touristenmagneten nennt. Er ist schon eine ganze Weile in der CDU, saß damals mit in der Stadtverordnetenversammlung, der 1973 mitgeteilt wurde, »daß da oben auf dem Schlachtberg ein Panorama hingesetzt wird«. Ringlepp hat das nicht vergessen. »Wir waren doch gewöhnt, nicht gefragt zu werden.« Und mit ein bißchen schlechtem Gewissen ergänzt er: »Außerdem konnte doch keiner ahnen, welche Ausmaße das annimmt.« Ich bezweifle, ob eine solche Ahnung den Widerspruch der Bad Frankenhausener Stadtverordneten herausgefordert hätte.

In Bad Frankenhausen wurden Knöpfe gemacht, Schuhe und Pullover. Die macht man jetzt woanders billiger. Auch die Kurbranche ging in die Knie, weil die Unterkünfte der Patienten längst nicht mehr dem Standard entsprachen. Macht fast 70 Prozent Arbeitslose.

Wollenheit würde die Bad Frankenhausener gern kostenlos ins Allerheiligtum einlassen. Noch ist man aber auf Subventionen angewiesen. Eine Million Mark im Jahr etwa. Es scheint, als würden sich Stadt, Landkreis und Land die Kosten teilen. In ein paar Jahren, denkt Michael Wollenheit, kann man durchaus kostendeckend arbeiten oder sogar ein wenig Gewinn erwirtschaften. »Die haben damals 70 Planstellen geschaffen, völlig unsinnige dabei. Es sollte eben sehr repräsentativ werden«, deutet Wollenheit eine Sparmaßnahme an. Die 45, die jetzt noch da sind, sind immer noch zuviel. Vor allem müssen aber Besucher her. Nach einem trüben Winter kommen sie langsam wieder. 4000 waren es über Ostern. »Viele Wessis. Die erleben hier eine regelrechte Offenbarung. Sie stehen mit

Tübkes Realismus plötzlich wieder ihren längst verloren geglaubten bürgerlichen Werten gegenüber«, erzählt der stellvertretende Direktor.

Harry Naumann kennt jeder in Bad Frankenhausen. Wollenheit nennt ihn einen guten Genossen. Ich nenne ihn einen gutmütigen, gutgläubigen Menschen. Sie haben ihn rumgeschubst, die Parteibonzen, immer mit dem roten Buch wedelnd. Er soll ein guter Biologielehrer gewesen sein. Bis zu dem Tag, als jemand als Laufbursche für den Künstler Tübke gebraucht wurde. Da fiel den Genossen der Harry ein, der war stellvertretender Direktor und bekannt dafür, nichts abschlagen zu können. Außerdem gab's schließlich Parteiaufträge. In Naumanns Fall formulierte ihn ein Ratsmitglied aus Halle so: »Wenn der Tübke den Pinsel hinschmeißt, kannst du vom Kirchturm springen.«

Naumann war gerne Biologielehrer. Nun zitterte er viereinhalb Jahre lang vor dem nächsten Wutanfall Tübkes. Der schrie ihn an, wenn das Essen, das er vor wenigen Minuten bestellt hatte, nun doch nicht recht war, klingelte ihn mitten in der Nacht aus dem Bett, weil er Angst hatte, daß der Wind, der um sein Haus pfiff, seinem Gemälde etwas anhaben könnte. Und Harry fuhr hoch auf den Berg.

Als Tübke den letzten Pinselstrich gemacht hatte, bekam Naumann einen Tritt. Sie setzten irgendeinen Bonzen aus der Bezirksleitung Halle als Direktor ein. Naumann ist heute Vorruheständler. Unterrichtet hat er nie wieder.

»So nach drei Jahren etwa hat er mir das Du angeboten, der Werner«, berichtet Naumann stolz. »Für meinen Freund Harry Naumann« steht unter einer der drei Tübke-Skizzen, die in dem kleinen, vollgestopften Wohnzimmer den Ehrenplatz über dem abgelederten braun-gelben Dreisitzer haben.

»Sie hängen gut da, hat mir der Werner gesagt.«
Wo ich sitze, sitzt sonst immer der Werner, wenn er den Harry besucht. Naumanns Schwiegersohn hat die federleichten Zeichnungen in schwere Holzrahmen gezwängt, gegenüber, neben der elektrischen Petroleumlampe hängt eine Spitzwegpostkarte im vergoldeten Gipsrahmen. Harry Naumann hat einen hohen Preis gezahlt für das »Du« und die drei Zeichnungen, die nicht in sein Zimmer passen.

Im Juli 1985 begegnete Tübke Michelangelo. Der Vatikan gestattete ihm, die Sixtinische Kapelle zu besuchen, die eigentlich wegen Renovierung geschlossen war. Am 4. Juli besichtigte Tübke das Deckenfresko Michelangelos. In der Zeit danach malte er so besessen wie nie zuvor an seinem Mammutgemälde. Er ruinierte seinen Kreislauf und trieb seine Malhand, bis der Daumenmuskel riß. Er trennte sich von drei seiner Helfer und malte das Gemälde fast allein zu Ende. Er ertrug die ungeduldigen und dümmlichen Fragen der Hallenser SED-Spitzenpolitiker, die regelmäßig Betriebsausflüge nach Bad Frankenhausen unternahmen, sich in der Kantine betranken und nach dem Eröffnungstermin fragten. Tübke malte sein Bild. Er wußte, daß sie es nie verstehen würden.

20. April 1991

»Lassen Sie mal, Pannecke, das wird schon!«
Hinter der Abraumhalde träumt man vom Feuchtbiotop

15 Jahre lang haben die Sausedlitzer auf den Tod gewartet. Zu kurz, um sich mit ihm anzufreunden, lang genug, um sich auf ihn vorzubereiten. Zu lange, um die Rettung als Erlösung zu betrachten. Als die Planierraupen vorm Stadttor standen, waren die Koffer gepackt. Die Wende stoppte die Abrißbirne mitten im Schwung. Sausedlitz tauschte den plötzlichen gegen den schleichenden Tod.

1974 wurde die kleine anhaltinische Gemeinde davon unterrichtet, daß sie in absehbarer Zeit den immer näher rückenden Schaufelbaggern der Braunkohleförderung zum Opfer fallen würde. Ende der 80er Jahre, hieß es damals, würde der Ort plattgemacht. Später präzisierte man das Abrißdatum auf den November 1989. Die Wälder rings um Sausedlitz waren bereits abgeholzt, der Boden entwässert und die anderthalb Kilometer entfernte Nachbarsiedlung Seelhausen hingerichtet, als die SED-Wirtschaftsstrategen und mit ihnen ihr energiepolitisches Programm weggeblasen wurden.

»Als wir wußten, daß die Kohle kommt, haben wir natürlich keinen Handschlag mehr an unserem Haus gemacht«, erklärt Ursula Tesche und wirft den abgespreizten Daumen ihrer Faust lässig über die Schulter. In Richtung eines verfallenen zweistöckigen Häuschens. »Ist doch kein Wunder, daß wir da nicht gerade Freudensprünge gemacht haben, als der Runde Tisch '89 beschlossen hat, daß unser Dorf nicht unter den Hammer kommt.«

Wie die meisten Sausedlitzer hatten sich auch Heinz und Ursula Tesche nach einer neuen Bleibe in einem braunkohlefreien Revier umgetan, die sie von der staatlichen Abfindung zu erwerben gedachten. Allerdings hatten sie zum entscheidenden Zeitpunkt weder das Geld noch den Kaufvertrag für das neue Haus in der Hand.

Also blieben sie. Nicht einmal die Hälfte ihrer Leidensgefährten brachte die Kraft dazu auf. Die Gewißheit des nahenden Endes hat Spuren hinterlassen. Sausedlitz, einstmals Perle im Revier, umgeben von Wäldern und Seen, ist heute ein schrecklicher grauer Haufen. Der Putz hängt in Fladen von den schmutzigen Häusern, die Gärten sind verwildert und die Zäune verfault. Bereits installierte Entwässerungsmaschinen trockneten nicht nur den ohnehin nicht sonderlich fruchtbaren Boden aus, sondern trieben auch Risse in Fundamente und Fassaden. Die Dorfstraße weist nur Spuren von Asphalt auf. Blasse Gardinen baumeln hinter blinden Fenstern, die seit Jahren nicht mehr geöffnet wurden.

In dieser Woche holperte ein 5er Dienst-BMW mit Staatssekretär Dr. Bertram Wieczorek aus dem Bonner Umweltministerium über die unsägliche Dorfstraße. Die Sonne schien hinter den getönten Scheiben, die Mandelsträucher in den verwilderten Gärten blühten rosa. Wieczorek fragte den kleinen Bürgermeister Werner Pannecke: »Sagen Sie mal, mein Lieber, wie ist denn die Stimmung im Ort? Mal abgesehen von der Arbeitslosigkeit.« Pannecke muß einiges gewöhnt sein. Sachlich antwortete er, daß sie nicht sonderlich gut sei, die Stimmung. Von den ehemals 500 Bürgern des

Ortes seien nur noch 183 übrig. Die Wiederbelebung laufe nur schleppend. Die Infrastruktur bräche zusammen. »Das ist das Gute. Daß man heute ruhig sagen kann, wenn die Säge mal klemmt«, konterte der Staatssekretär. Er kommt aus dem Osten und glaubt zu wissen, wie man mit den Leuten hier reden muß. Bevor er sich wieder auf die Polster seines Dienstwagens zurückzog, sagte er noch: »Lassen Sie mal, Pannecke, das wird schon!«

Tatsächlich rannten die geplagten Landratsbeamten des Kreises Delitzsch so lange Bonner Türen ein, bis man im Umweltministerium bemerkte, daß es mit der Region offenbar wirklich zu Ende geht. Nunmehr wurde ein Programm unterzeichnet, das dem Kreis, dessen Fläche zu einem Fünftel aus Tagebauen besteht, ein wenig Linderung verschaffen soll. Zwei der drei aktiven Tagebaue wurden stillgelegt, der dritte auf die Hälfte seiner ursprünglichen Leistung zurückgefahren. Die freigesetzten Kumpel sollen in vom Bundesarbeitsministerium finanzierten AB-Maßnahmen die Mondlandschaften »wieder zum Grünen bringen und gleichzeitig neue, zukunftsträchtige und umweltfreundliche Industrie- und Erholungsgebiete schaffen.« Von den etwa 10 000 Braunkohlekumpeln, die in Sachsen und Sachsen-Anhalt arbeitslos würden, soll die Hälfte derartig abgefangen werden.

Auch Sausedlitz und seinem toten Tagebau widmete das Programm einen Absatz. Im Tagebau werden Restlöcher stabilisiert, damit nichts zusammenfällt, wenn das Grundwasser steigt. Für später stellt man den Sausedlitzern »ein Feuchtbiotop oder ein Sport- und Erholungsgewässer« vor der Tür in Aussicht. Sausedlitz selbst soll »in einer ersten Stufe für etwa 400 Einwohner neu aufgebaut werden«.

Die Sausedlitzer trauen keinem Politiker mehr. Finster blickten sie dem Staatssekretär und dem ihm folgenden Autokorso hinterher, bis er hinter der Abraumhalde verschwunden war. Dann schlurft auch Gerhard Grune vom Gartenzaun wieder zu seinem kleinen Gemüsebeet. Das Beet ist das einzige, was ihn noch mit Sausedlitz, seinem Geburtsort, verbindet. Das Beet und die Erinnerung. Der 72jährige Grune hat aufgegeben damals. Er hat sich eine Neubauwohnung in Delitzsch gemietet, die 20 000 Mark für sein Häuschen aufs Konto getan und sieht heute ab und zu nach den Möhren.

Sein kleines Bauernhäuschen will niemand kaufen. Grune selbst auch nicht. »Woher soll ich denn die Sicherheiten für einen Kredit nehmen. Wenigstens das Dach müßte gedeckt werden. Ich wäre gern hier gestorben. Aber was soll's. In Delitzsch kann ich abends wenigstens mal ein Bier trinken gehen. Hier nicht.«

Die 30- bis 40jährigen blieben. Sie halten die LPG »Leinetal« am Leben, pinnten sich Satellitenschüsseln an die bröckelnden Fassaden, vermissen den VdgB-Ball, die Kegelabende in der Dorfkneipe, das Dorffest und die LPG-Feiern und freuen sich, wenn der Golf und der klapprige BMW mit den Münchner Nummernschildern ins Dorf rollen.

Seit einem halben Jahr gehen die 28jährige Bettina Mack und der 32jährige Claus Kandelhardt beim LPG-Vorsitzenden ein und aus. Die beiden drahtigen jungen Menschen passen in das dunkle, muffige Büro des Vorsitzenden wie Chanel No. 5 in die Handtasche von Inge Lange. Zunächst versucht Claus Kandelhardt die Version: »Wir haben gesehen, daß ein Dorf zugrunde geht, wenn nicht jemand schnell und unbürokratisch zupackt. Jeder muß seinen Beitrag zur deutschen Einheit abliefern.« Später gesteht er ein, zwischen den Alternativen, taiwanesische Videorecorder in Prag zu verscherbeln und Provisionen in Sausedlitz zu kassieren, gewählt zu haben.

Nach eigenen Angaben bewahren die beiden, die sich Wirtschaftsberater nennen, den Ort vor Neppern, Schleppern und Bauernfängern. Mehrere Millionen habe man dadurch bereits gerettet. Die 400 000 DM wertvolle Schweinefuhre, die die LPG ohne Quittung einem vermeintlichen Düsseldorfer Schlachthausbesitzer mit auf den Weg gab, konnten sie nicht stoppen. Da waren die beiden noch nicht da. Der Schlächter ist inzwischen abgängig. »Wenn ich Ihnen den ganzen Film erzählen würde«, stöhnt die hübsche Bettina Mack, »müßten Sie drei Tage lang zuhören.« Sie rollt desillusioniert die Augen.

Der »Film«, den die beiden Abenteurer zu drehen gedenken, läßt sich relativ kurz beschreiben. Sie wollen leerstehende LPG-Hallen zu Warenlagern umfunktionieren, auf brachliegenden Feldern Gewerbeparks errichten und in der nach ihrer Ansicht hochmodernen Schweinemastanlage Bioschweine züchten. Zu dem in der Ecke hockenden LPG-Vorsitzenden Werner Winkler gewandt, erörtert Claus Kandelhardt: »Und bei der ganzen Sache sichern wir die 60 Arbeitsplätze Ihrer LPG, nicht wahr Herr Winkler.« Herr Winkler nickt müde. Für dieses Versprechen, scheint es, würde er alles unterschreiben. Familie Tesche traut den jungen Leuten jedenfalls allemal mehr als den Landespolitikern und der Miprag, dem Nachfolger des Braunkohlekombinats. »Die wollen uns doch alle nur veralbern«, erregt sich Ursula Tesche. »Ich sehe hier keinen Naturpark, wenn sie noch nicht mal in der Lage sind, uns einen ordentlichen neuen Vertrag für unser Grundstück aufzusetzen.« So ganz traut sie der stillstehenden Halde noch nicht. Sie hat in der Zeitung gelesen, daß in Ostdeutschland weiterhin Braunkohle gefördert und verheizt wird. »Wer sagt uns denn, daß die nicht ausgerechnet bei uns weitermachen?«

26. April 1991

Weniger plaudern – mehr Rock 'n' Roll!

Der Jugendsender DT 64 schwimmt zwischen Stellvertreterradio und Dudelfunk – und droht unterzugehen

Auf der Autobahn nachts um halb zwölf. »Das war jetzt Peter Maffay gewesen. Sonne in der Nacht. Was würden eigentlich die Meteorologen dazu sagen. Ha, ha. Aber Spaß beiseite. Es ist 23.25 Uhr. Die nächste Musik liegt auf...« Der Sachsenradio-Moderator hat seine Chance verpaßt. Die Finger des Fahrers suchen die Frequenzskala nach dem nächsten Kandidaten ab. Er sucht den main stream. Der Finger geht gnadenlos mit Rundfunksymphonieorchestern, verbissenen Kommentatoren, Talkshow-Moderatoren um und erweist auch der coolen Stimme, die ihm auf 102,6 irgendeine schräge, hoffnungsvolle Independent-Band in 24 Sätzen vorstellen will, keinen Respekt. Der Fahrer hört bis zum achten Satz zu, weiß nicht, was line up ist, hat keine Lust, darüber nachzudenken, und findet schließlich woanders, was er braucht. Roxette, Bon Jovi oder Westernhagen zwischen knackigen Viersätzern.

Michael Schiewack sieht aus, als habe er Verständnis für ausschweifende Erklärungen zu Hinterhofcombos, die kein Schwein kennt. Er bündelt seine in die Jahre gekommenen Locken allmorgendlich zum Nackenschwanz, trägt graue Stoppeln im Gesicht, sein Jackett ist zerknittert, seine 501 verwaschen, er könnte eine Bunuel-Retrospektive ansagen. Schiewack ist seit vorigem Jahr Chefredakteur von Jugendradio DT 64, moderierte vor

Jahren bei Stimme der DDR, galt dort dann als republikflüchtig, arbeitete in einem Westberliner Videoprojekt und hat kein Verständnis für schräges Erzählradio.

Er will aus dem Ossi-Identifikationssender DT 64 eine kommerzielle Rundfunkstation machen. Ein Sender, »der ein wenig schräg neben RIAS 2 liegt«. Dazu gehört nicht viel Schrägheit. »Die Wendezeit ist vorbei«, erläutert Schiewack, während er die Beinstellung wechselt. »Das Aufklärungsding läuft nicht mehr.«

Schiewack mag Sprüche. Die meisten bringt er immer wieder. Zu letzteren gehört der von der Braut DT 64, die er zu schmücken angetreten ist. Der trifft den Punkt.

Der Sender muß unter die Haube, und zwar schnell. Konzepte, ihn unter den öffentlich-rechtlichen Anstalten einzuordnen, sind vom Tisch. Auch über die einst diskutierte Beschränkung auf ein Sendegebiet Berlin, Brandenburg, Sachsen-Anhalt redet heute keiner mehr. Man will alles, was an neuen Bundesländern da ist, erreichen. Nur so bekommt man die schweren privaten Anbieter von Springer bis Bertelsmann auf die Matte. Die müssen dort spätestens im Sommer stehen. Ansonsten kann Schiewack im Herbst seinen Hut nehmen. Und mit ihm die 70 Mitarbeiter des Jugendradios. So sieht es aus. Bis dahin muß an der Braut und den Kabelräten gearbeitet werden. Die Kabelräte sitzen auf den hochwichtigen Frequenzen und zieren sich, sie freizugeben. Lediglich aus dem Freistaat Sachsen signalisierte man ein vages Verständnis, die DT-64-Wünsche wenigstens anzuhören. Was den Sender angeht, sprudelt der Chefredakteur gleich eine Vielzahl von Eigenschaften aus, die er abzuschaffen gedenkt. Er wolle kein »Clubradio«, kein »PDS-Radio«, kein »Stellvertreter-

Radio«, kein »Brechtsches Propaganda-Radio«. Weniger plaudern, mehr Rock 'n' Roll. Das ist der Anspruch.

Der Mann vor der Scheibe ist Rainer Kruggel. Der Musikredakteur hat Hunderte Tage und Nächte zwischen den wuchtigen Bandmaschinen, den beposterten Studiowänden vor der Sprecherscheibe zugebracht. In guten wie in schlechten Zeiten.

»Die Zeit der Demokratie«, philosophiert Kruggel, »ist vorbei. Wie überall im Land.« Er sagt es ein bißchen beiläufig. Kruggel ist der »Was soll's«-Typ. »Die Musik wird poporientierter werden, sicher. Auf der Wortflanke wird wesentlich entschlackt, garantiert. Aber wir hatten wohl auch immer so ein bißchen den Erziehungstrend drauf.« Der Moderator kündigt ein Kernkraft-Special für den Nachmittag an, und Kruggel verstaut sukzessive seine Manuskripte in einem gewaltigen Pappkoffer. Auf der Schwelle steht der Diskjockey der anschließenden »Step on«-Sendung. Schwarze Jacke, schwarzes Kapuzenshirt, schwarze Hose, schwarze Schuhe, blonde Haare. Nicht Kruggels Ding. Auf dem Koffermonster bappt ein großer »Western Union«-Aufkleber. Kruggel ist Country-Fan.

Nicht alle DT-Mitarbeiter nehmen die geplante Profiländerung so gelassen hin. Einige sehen am Horizont den Dudelfunk dräuen. Wenn der Chefredakteur das Bild der Braut bemüht, hören sie sich als Pausenclowns zwischen Hitparade und Werbung. Nach der Befreiung von FDJ-Chef Eberhard Aurich und der Chefetage hatten sie einmal so richtig machen können, was sie wollten. Nun sehen sie die Scheren der neuen Herren blitzen. »Das sind die alten Diskussionsgrundlagen«, ärgert sich Schiewack. »Wenn wir professioneller werden, hat das doch nichts mit Verflachung zu tun. Die Jungs müssen endlich begreifen, daß Radiomachen nicht viel anders ist als, sagen wir mal, Seife verkaufen. Das hört sich zwar brutal an, aber es ist so. Und wenn nicht mehr als sechs Prozent Plaudertaschen hören wollen, dann müssen wir eben aufhören zu plaudern.«

Sechs Prozent neue Bundesbürger hören das Jugendradio augenblicklich. Zuviel zum Sterben, zuwenig zum Überleben. Schiewack will mit einem gelifteten Senderprofil doppelt so viele erreichen. Viel mehr geht nicht, wenn man ein Jugendradio bleiben will. Das will man.

Schiewack weiß, daß Radio Manipulation ist. Er kennt Beispiele. Das von Radio Schleswig-Holstein, von dem die Hörer glauben, daß es ein Regionalsender sei, obwohl nachgewiesenermaßen so gut wie keine Regionalinformationen gebracht werden. »Wir müssen den jungen Leuten, die uns hören, nicht pausenlos erklären, daß wir ihre Interessenvertreter sind.« Damit umschreibt er seine Stellvertreter-Radio-Kategorie, die er so oft bemüht, wie er sie wenig mag.

Schiewack ist klug genug zu wissen, daß er die zusätzlichen sechs Prozent nicht mit dem Holzhammer holen kann. Er weiß, daß er Hörer verlieren wird. Aber es dürfen nicht viele sein. Sobald er unter fünf Prozent rutscht, ist der Ofen aus. Wer interessiert sich noch für Radio aktuell und den Berliner Rundfunk. Er weiß auch, daß er da ein paar erstklassige junge Leute im Team hat, die gehen, wenn er den Bogen überspannt. Ein paar gute haben das vermeintlich sinkende Schiff schon in Richtung der offenbar sicheren Regionalsender verlassen. Einige der Hierbleiber setzten auch schon den Fuß in andere Türen. Wer gut ist, kommt unter.

Andreas Ulrich, charmanter Witzbold im »Morgenrock«, und Lutz Deckwerth, beinharter Rechercheur und Enthüller der aktuellen Redaktion, denken nun auch ab und zu an ihr Versprechen. Beide gehören zum Besten, was DT zu bieten hat. Als der Sender auszubluten drohte, stellten sie sich vor die Belegschaft und versprachen, bis zum letzten Tag zu bleiben. Das war wichtig damals. Heute liegt die etwas derbe »Aufstehsituationsdefinition« des Chefredakteurs auf dem Tisch. »Morgens kotzt du dich doch sogar selber an, wenn du dich im Spiegel siehst. Und dann quatscht dich noch irgend so ein Moderator voll.« Andreas Ulrich denkt daran, daß er ja eigentlich Journalist ist.

Und Deckwerth macht sein Bleiben an den Magazin- und Nachrichtensendungen fest. »Wenn eines Tages meine Untersuchungen nicht mehr gesendet werden, ist meine Hemmschwelle erreicht. Dann kriegen sie meine Kündigung. Das wird eine Sache von Stunden sein.«

Doch Deckwerth hofft, daß es nicht soweit kommen wird. Er glaubt an die Vernunft Schiewacks. »Ich habe ihn nie als Diktator erlebt. Eigentlich war er bislang immer empfänglich für Argumente.« Es nütze auch nichts, zeigt sich Deckwerth kooperativ, den aggressiven Ossi raushängen zu lassen. »Unser Hauptauftrag ist doch, die Integration zu befördern.«

Es wird seinen Chefredakteur freuen, das zu lesen. Denn der glaubte zunächst felsenfest daran, einen Haufen PDS-Anhänger zu beschäftigen. Der Teufel weiß warum, denn belegen läßt sich das nicht. In der Rundfunkkantine erzählt man, er habe das irgendwann einmal in einem Zeitungsartikel gelesen. Schiewack verallgemeinert gern. Heute meint er, gegen jenes Vorurteil der PDS-Nähe seines Senders bei anderen angehen zu müssen, schleudert seinen »Morgenrock«-Moderatoren allerdings auch schon mal unbegründet zu: »Linkes Radio wollt ihr machen. Ich will euch mal was sagen. Die Linken stehen gar nicht vor zehn auf. Sie können euch nicht hören.« Das stimmt zwar nicht in jedem Fall. Aber es klingt gut. Ein Spruch eben.

Im Augenblick wird auf der Jugendradio-Etage renoviert. Es sieht ein wenig danach aus, als würde sich das lohnen. Denn DT hat die Chance, ein Exempel zu sein. Ein Rechenbeispiel im Fingerhakeln zwischen öffentlich-rechtlichen und privaten Anstalten. Die westdeutsche Privatlobby wird nicht tatenlos zusehen, wie die öffentlich-rechtlichen den ostdeutschen Markt unter sich aufteilen, glaubt Schiewack. Dazu sei sie zu stark. Das Jugendradio könnte der lachende Dritte im Kräftemessen werden. Auch ohne zum Dudelfunk zu verkommen. Ein bißchen schräger als RIAS 2 ist immer noch besser als gar nicht schräg.

Bleiben die angestaubten Herrschaften in den Kabelräten. »Die werden schon umfallen«, frohlockt Schiewack, »wenn die Privatlobby den Kohl in ihre Richtung schubst.« Der Kanzler im Ringen für den Rock 'n' Roll. Gut.

6. Mai 1991

Im Herbst 91 war klar, daß die Privatisierungspläne DT 64's scheitern würden. Im September sendete Jugendradio eine Art Hörspiel, das die eigene Abschaltung vorgaukelte. Danach gingen Hörer und Fans zu Zehntausenden auf die Straße und ertrotzten ein vorläufiges Überleben ihres Lieblingssenders in Sachsen, Thüringen und Sachsen-Anhalt. Ob DT 64 künftig auch in Berlin und Brandenburg zu hören ist, war bei Redaktionsschluß des Buches ungewiß.

Vielleicht Rosenrabatten
Von einem Thüringer Konzentrationslager, das einen hohen technischen Denkmalswert hat

1991 begann auch der Streit um den Wert zahlreicher antifaschistischer Gedenkstätten. Die großen rückten in die Schlagzeilen, Buchenwald und Ravensbrück, wo ein Supermarkt entstehen sollte. Weniger Beachtung fanden die Debatten um die kleinen. Wie das Außenlager von Buchenwald: Dora.

Die Butterblumen blühen. Der Rasen ist so grün, wie er nur im Mai grün sein kann. Die Buchenhäute glänzen im Sonnenlicht. Angenehm knirscht der Schotter unterm Schritt. An solchen Tagen müssen sie gehofft haben – die Menschen können auf Dauer nicht schlechter sein als der Mai.

Ein paar Dutzend Stufen führen zum Krematorium. Unkrautbüschel krallen sich an der schwarzen Schlacke fest. Auf der kleinen Anhöhe hat man nachträglich Betonplatten zu einem rechteckigen Platz gruppiert. In den Fugen verrotten Buchekkern vom Vorherbst. An der Stirnseite des Platzes liegt ein dänischer Kunstblumenstrauß zu Füßen fünf bronzener Häftlinge. Sie blicken müde, aber ballen die Fäuste. Hinter den silbrigen Buchenstämmen kann man unten den kargen Appellplatz sehen. Dort fanden im Frühjahr 1945 Massenexekutionen statt. – Etwa 10 000 Menschen starben im Konzentrationslager Dora in der Nähe von Nordhausen.

»Die politische Wende im Herbst 1989 befreite ein ganzes Land und somit auch die Gedenkstätten für die Opfer nationalsozialistischer Verbrechen von geistlosen, ja den Geist abstumpfenden und tötenden Zwängen und leeren Ritualen ...«, beginnt Dr. Peter Kuhlbrodt seinen kleinen historischen Abriß über das KZ Mittelbau-Dora. Kuhlbrodt weiß, wie ein Vorspann auszusehen hat. Er hat in Geschichte diplomiert und promoviert. An der Karl-Marx-Universität zu Leipzig. Heute leitet er das Stadtarchiv von Nordhausen. Kuhlbrodt trägt einen gutsitzenden Anzug zum außerordentlich weißen Hemd, eine Krawattennadel, eine elegante Goldrandbrille und einen Seitenscheitel. Bevor er das Stadtarchiv übernahm, leitete er ein Jahr lang die Gedenkstätte Dora. Als er den Posten antrat, war es Sommer 89. Kuhlbrodt leitete das Parteilehrjahr an der Gedenkstätte und sprach selten von abstumpfenden und tötenden Zwängen. Eigentlich gar nicht.

»Das erste, was ich im Herbst rausschmiß, war das Honeckerporträt«, sagt er heute. »Ich konnte natürlich nicht alles ändern in der Kürze der Zeit. Schließlich war das Lager ja zum Aufmarschplatz der SED-Propaganda verkommen.« Zeit blieb, um ein paar Bildunterschriften, in denen die Verantwortung der deutschen Rüstungsindustrie für den Zweiten Weltkrieg gegeißelt wurde, schwarz zu überpinseln. Zeit fehlte, um die Büste des Dora-Häftlings Albert Kuntz »rauszuschmeißen«. »Das hätte ich gerne noch gemacht«, ärgert sich Dr. Kuhlbrodt. »So wie der Kuntz heroisiert worden war.« Albert Kuntz wurde im Januar 45 in Dora ermordet.

Links neben dem Schotterplatz, auf dem Hunderte KZ-Häftlinge gehenkt worden waren, stehen heute zwei unförmige Betonklötze. An einem hängt ein mehrere Meter langes Bronzerelief, für das sich der Künstler inzwischen schämen soll, hinter dem anderen standen die Ehrengäste bei Anlässen. Jeder nachgeborene SED-Funktionär war von Hause aus Antifaschist. Im Grunde genommen waren es alle DDR-Bürger, zumindest offiziell. Jeder 14jährige hatte wenigstens einmal in seinem jungen Leben ein ehemaliges Konzentrationslager besucht. Auch in Dora standen Tausende Jungen und Mädchen erschüttert vor den schlimmen Fotos und Texttafeln und hörten ehrfurchtsvoll oder gelangweilt den Reden zu, die vom unförmigen Betonpult über sie kamen. Daß dies, gemischt mit einem lückenhaften Geschichtsunterricht, nicht reichte, um wirkliche Antifaschisten zu erziehen, sollte sich zeigen. Der Faschismus allein wird nicht weniger schrecklich dadurch, daß es Demagogen waren, die ihn als schrecklich dargestellt haben.

Der Kulturchef des Landratsamtes Nordhausen, Tilo Große, trägt sich mit dem Gedanken, die Gedenkstätte künftig allen Opfern von Diktaturen zu widmen. »Wir dürfen nicht vergessen, daß die längste Zeit des Bestehens von Dora in die Zeit des Sozialismus fiel.« Großes Meinung ist insofern nicht unmaßgeblich, als es sein Landratsamt ist; dem die Gedenkstätte seit 1. Mai 1991 unterstellt ist. Große ist von Hause aus Opernregisseur und bemüht sich, »ein sachliches Verhältnis zu dem, was passiert ist«, herzustellen. Er selbst hat es offenbar schon, dieses sachliche Verhältnis. »Wir müssen die Variante des Gedenkens mit der Variante des Einfügens in die Landschaft zusammenführen.« Mit dem Einfügen hat Große einen Spezialisten beauftragt. Die Verschönerung der schroffen Anlage übernimmt ein Gartenarchitekt von der Sportstätten GmbH Leipzig. »Hört sich zwar ein bißchen komisch an«, räumt der Amtsleiter ein, »aber der Mann ist eine Fachkraft.«

Anfang des Monats beschloß der Kreistag von Nordhausen, ein Kuratorium für das ehemalige Konzentrationslager Dora zu bilden. Wobei sich das Kuratorium weniger dem Lager selbst, als vielmehr dem Berg, neben dem das KZ errichtet wurde, widmen soll. Im Innern des Kohnsteins verbirgt sich nämlich das größte künstliche Höhlensystem der Welt. Dort hatte die Wehrmacht zunächst ein riesiges Tanklager eingerichtet. Ab 1943 wurden dann Raketen im Berg gefertigt. Unter grausamsten Bedingungen bauten KZ-Häftlinge dort an den Wunderwaffen der Nazis. Im März 1944 befahl Hitler, die V1-Produktion in den Kohnstein zu verlegen, und im Herbst des Jahres zogen die Junkers-Flugzeugwerke in den Berg ein. Während Tausende Häftlinge unter den unmenschlichen Bedingungen (kein Wasser, keine sanitären Einrichtungen, gashaltige Luft) im Berg verreckten, installierten die Nazis hier eine hochmoderne Fertigungsstätte. Modern genug, so meinte ein Abgeordneter des Nordhäuser Kreistages, um ein Kuratorium ins Leben zu rufen. »Das technische Objekt ist unvergleichbar und muß museumsmäßig verwaltet werden«, begründete er seinen Vorschlag, der von der Mehrzahl der Abgeordneten angenommen wurde.

Amtsleiter Große sah sich legitimiert, den Berg erst einmal unter Denkmalschutz zu stellen. Die Südharzer Anhydrid-GmbH hatte nämlich im technischen Denkmal bis vor kurzem respektlos Gips abgebaut. Damit ist jetzt Schluß. Weil das aber 300 Arbeitsplätze gefährdet, protestierte die GmbH bei der Landesregierung. »Die kann aber gar nichts machen«, frohlockt Tilo Große, »weil sie gegen geltendes Denkmalrecht verstoßen würde.« Große hofft, durch den öffentlichen Streit die Lobby zu vergrößern, die sich mit der Idee vom technischen Denkmal anfreunden kann. Das »größte künstliche Höhlensystem der Welt« der Welt auch zu präsentieren, ist kostspielig. Nachdem die Sowjetarmee nach der Befreiung die technischen Anlagen gründlich inspiziert und größtenteils ins Mutterland verlagert hatte, versuchte sie, den Berg zu sprengen. Was grundsätzlich mißlang, aber doch Folgen hatte. »Natürlich bekommen wir das Geld nicht von heute auf morgen«, ist sich Große sicher, »aber wenn es dann da ist, soll der Berg wenigstens noch stehen. Das sind wir den nachfolgenden Generationen schon schuldig.«

Gerhard Zeidler hätte sich für seine Urenkel eine andere Botschaft gewünscht. Der 64jährige arbeitet seit sieben Jahren im Archiv der Gedenkstätte und hat Angst, daß mit der Diskussion über Landschaftsgestaltung und technischen Denkmalswert die Schrecken des Konzentrationslagers in den Hintergrund gedrängt werden. »Wenn auf dem Appellplatz gepflegte Blumenrabatten stehen, geht doch jede Vorstellung verloren, wie grausam es hier mal zugegangen ist.« Zeidler hat mitansehen müssen, wie sein ehemaliger Chef, der heutige Stadtarchivar Kuhlbrodt, Schautafeln überpinseln ließ. »Er hat uns gesagt, wir müssen die Gedenkstätte entideologisieren.« Nichtsdestotrotz erzählt Gerhard Zeidler in seinen Führungen den Besuchern eben das, was sie nicht mehr lesen können. Er erzählt über »den Leiter der Widerstandsgruppe, den Genossen Albert Kuntz, nach dem früher mal der Platz benannt worden war, der jetzt Bahnhofsplatz heißt, aber inzwischen haben wir ja auch eine Reichsstraße in Nordhausen...« Bis zum September kann er das noch erzählen, dann muß er in Vorruhestand.

Montag ist Ruhetag in der Gedenkstätte. Keine

Führungen, kein Streit. Ein junges Paar aus Frankreich steht still vor dem vergitterten Einzelhaftbunker. Ohne Nahrung, ohne Wasser, ohne Licht mußten die Häftlinge darin stehen. Die beiden reden kein Wort, als sie sich vom Bunkergitter wegdrehen. Ihre Kinder jagen sich auf dem Appellplatz. Die Sonne scheint.

Nur ein paar Kilometer von Nordhausen entfernt liegt der Ort Uthleben. In einem kleinen Häuschen wohnt Schneidermeister Franz Kowalski. Kowalski ist 76 Jahre alt und hat die Schneiderwerkstatt bereits vor Jahren aufgegeben. Nur für die Nachbarn oder seine Kinder kürzt er noch ab und an eine Hose. Kowalski ist Jude. Im Januar 1945 wurde er aus Auschwitz ins Konzentrationslager Dora verlegt. Er ist der letzte überlebende KZ-Häftling in der Gegend um Nordhausen. Er ist verbittert.

»Sie wollen jetzt ein Kuratorium bilden, hab' ich gehört«, erzählt der Alte. »Aber denken Sie, man hat mich gebeten, da mitzuarbeiten? Nee.« Kowalski hat die Gedenkstätte damals mitaufgebaut. Er hat die erste Führung geleitet und versteht nicht, warum heute niemand etwas von ihm wissen will. Hausieren, meint der 76jährige, gehe er mit seinem Leid nicht. »Wenn sie nicht kommen, nehm ich meine Erfahrungen mit ins Grab.«

22. Mai 1991

Das Sandkorn im Getriebe
Dora, zweiter Teil – welche Folgen es haben kann, ehrlich zu sein

Man kann durch Nordhausen fahren, wenn man von Halle nach Magdeburg will. Das wäre aber ein riesiger Umweg.

Es gab ein paar Erschütterungen. Nun aber läuft das Getriebe in Nordhausens Politik wieder relativ reibungslos. Geschmiert durch ein Geflecht von persönlichen Beziehungen. Jeder kennt jeden in den Amtsstuben. Da hat man in der grauen Vergangenheit mal dieses gesagt und sagt heute nun jenes. Da wird nichts auf die Goldwaage gelegt. Man braucht sich ja, schließlich ist immer nur ein bestimmter Menschenschlag bereit, politische Macht und Verantwortung zu übernehmen. Der ist in der Regel klein. So läuft auch in Nordhausen das Getriebe, man vergißt, verzeiht und ist konstruktiv. Bis ein Sandkorn hineinfällt. In Nordhausen geschah das vor knapp zwei Monaten. Das Sandkorn heißt Gerhard Zeidler.

Zeidler hat die Armee nach Nordhausen verschlagen. 25 Jahre lang war er Offizier der Nationalen Volksarmee. 25 Jahre lang reiste er auf Befehl durchs Land. Immer, wenn er irgendwo zu Hause war, mußte er weiter. Als er seine Dienstzeit rum hatte, blieb er am letzten Standort, Nordhausen. Es gefiel ihm hier, weil es ruhig war. Hektik hatte er genug im Leben gehabt. Er zog in eine kleine Neubauwohnung am Stadtrand und suchte sich eine Arbeit in der Gedenkstätte des ehemaligen Konzentrationslagers Dora, das ganz in der Nähe liegt. Gerhard Zeidler war nicht nur Offizier, er war auch überzeugter Antifaschist. Sein Vater war von den Nazis verfolgt worden, so etwas prägt. Die Arbeit im Archiv der Gedenkstätte machte ihm Spaß, er kniete sich hinein, knüpfte Verbindungen mit ausländischen Antifaschisten. Acht Jahre lang. Dann kam die Wende, die fiel Zeidler mächtig schwer. Mit blutendem Herzen sah er zu, wie sein Chef blitzschnell das Honeckerporträt rausschmiß und Schautafeln überpinselte. Zeidler trat der PDS bei und vergrub sich in seinem Archiv.

Als ich vor zwei Monaten in Nordhausen aufkreuzte, um mich für eine Reportage nach der Perspektive der Gedenkstätte Dora zu erkundigen, erzählte Zeidler. Von seiner Verbitterung und der Angst, daß seine Enkel einmal nicht mehr erfahren würden, wie schrecklich der Faschismus war, weil Gartenarchitekten Gedenkstätten in Parkanlagen umgestalten. Er nannte keine Namen, beschuldigte niemanden, denunzierte nicht. Es ist nicht seine Art, über andere herzuziehen. Er schilderte nur seine Furcht. 30 Zeilen davon standen dann in einer 300 Zeilen langen Reportage über die Zukunft von Dora, die am 22. Mai auf dieser Seite der Berliner Zeitung erschien. Berlin ist nicht weit genug weg von Nordhausen. Zwei Wochen später wurde Gerhard Zeidler vom Dienst suspendiert. Fristlos.

Allein die Wortwahl der Begründung treibt jemandem, der in der DDR aufgewachsen ist, das kalte Grauen in den Nacken. Zeidler habe Aktivitäten zum Schaden der Gedenkstätte entfaltet. Wem hierzulande jemals vorgeworfen wurde, »Aktivitäten entfaltet zu haben«, zu wessen Schaden auch immer, kennt das kalte Grauen im Nacken.

Zeidler sprang auf dem Dienstweg über die Klinge. Seine Chefin an der Gedenkstätte, Frau Dr. Klose, zitierte ihn in ihr Büro und schloß die Tür. Ihr Chef, der Nordhäuser Kulturamtsleiter Tilo Große, suspendierte hinter der geschlossenen Tür. Dessen Chef, der Nordhäuser Kulturdezernent Detlef Müller, wußte davon. Er fand das gut so.

Durch die Fenster des Dienstzimmers von Detlef Müller schlingert die milde Nachmittagssonne. Müller lehnt sich entspannt zurück. Es ist sechs Uhr nachmittags, ich bin sein letzter Termin. »Nein«, sagt er entschieden, »die Bestrafung für Zeidler ist nicht unangemessen hoch. Auf gar keinen Fall.« Müller ist ein drahtiger Graukopf mit Schnurrbart, wenn er lacht, sieht er richtig sympathisch aus. Auch wenn er nicht lacht, wirkt er nett. »Ihm ist untersagt worden, etwas in der Öffentlichkeit zu sagen. Dagegen hat Zeidler verstoßen. Dafür wird er bestraft«, erklärt Müller seine Entschiedenheit in dieser Frage. Und schiebt einordnend hinterher: »Bei Leuten, die in der Vergangenheit absolut zu diesem System standen, sind wir besonders mißtrauisch. Bei Zeidler ist das wohl der Fall.«

Kulturdezernent Müller selbst hat in der Vergangenheit an einer Nordhäuser Schule Staatsbürgerkunde unterrichtet. Er hat keine Probleme damit. Er sei ein kritischer Kopf gewesen. »Wenn ich die Klassentür hinter mir geschlossen habe, war ich mit den Schülern allein.« Er hat nicht versucht, herauszufinden, welche Art Offizier Gerhard Zeidler denn gewesen ist. »Das wäre ja ein bißchen zuviel verlangt.«

Tilo Große, der Kulturchef im Landratsamt, hat jetzt Urlaub. Vorher hat er noch den Schreibtisch abgeräumt. Dazu mußte er u. a. Zeidlers Forderung nach einer ausführlichen Begründung der

Suspendierung erfüllen. Große nahm sich den Zeitungsausschnitt vor, unterstrich ein paar Passagen, kritzelte hier und da etwas an den Rand und schickte ihn ab. Das wäre erledigt. Tilo Große wirkt aufgeräumt. Vor ein paar Tagen noch hat er in einem Lokalblatt die Bürger Nordhausens ermuntert, über die Zukunft der Gedenkstätte Dora mitzudiskutieren. »Die Sache braucht Öffentlichkeit«, erläutert er. Tilo Große ist mit sich im reinen. Der Papierkram ist vom Tisch.

Frau Dr. Klose hat ebenfalls kein schlechtes Gewissen, »Ich«, erklärt die wissenschaftliche Mitarbeiterin mit leitenden Aufgaben, »habe den Zeidler ja nicht entlassen.« Sie kenne ihn auch kaum. »Über Zeidler kann ich nichts sagen, ich bin ja erst seit 13. Mai hier.« So ganz hält sie sich an diesen Grundsatz dann aber doch nicht. Sie hat sich ganz schön geärgert, daß ausländische Antifaschisten immer nur mit Zeidler sprechen wollten. »In diesen Kreisen kannte man nur den Zeidler.« In diesen Kreisen. Dann beißt sich Dr. Klose wieder auf die Zunge. »Von mir kein Kommentar.« Der Artikel aus der Berliner Zeitung liegt ganz oben auf dem Aktenberg. Die Stellen sind unterstrichen.

Ick bin all hier, rief es Gerhard Zeidler aus jeder Tür zu. Da nahm er sich einen Juristen.

»Der Vorgang bewegt sich zwischen Meinungsfreiheit und den Interessen des Arbeitgebers auf Geheimhaltung«, beschreibt Siegmund Zufall. Der westdeutsche Jurist arbeitet in Nordhausen als Prozeßvertreter des DGB. Er hat sich in dieser Funktion vor allem mit »Kündigungsschutzsachen« zu befassen. »Ab und zu kommen auch mal ein paar Disziplinarmaßnahmen.« Wie Zeidler beispielsweise. Der Jurist prüft derzeit »Rechtsschutzbedürftigkeit und Erfolgschancen, um gegebenenfalls eine arbeitsrechtliche Klage ins Auge zu fassen.« Und Zeidler wartet.

Nachdem Siegmund Zufall das Landratsamt um eine ausführliche Begründung der Suspendierung gebeten hatte, erhielt er vom Landratsamtleiter Kultur, Tilo Große, zwei Sätze zurück. Zeidler sei angehalten worden, nicht zu reden. Er habe geredet, weshalb er suspendiert worden sei. Beigefügt war der Ausschnitt der Berliner Zeitung mit ein paar Unterstreichungen und Randbemerkungen.

Zeidler bestreitet, jemals zur Geheimhaltung vergattert worden zu sein. Vielmehr habe man einen Tag nach seiner Suspendierung alle Mitarbeiter der Gedenkstätte zusammengetrommelt und sie ermahnt, ja kein Wort zur Presse zu sagen. Zeidler schwebte sozusagen als abschreckendes Beispiel im Raum. Prozeßvertreter Zufall glaubt, »daß die die Sache auf die lange Bank schieben wollen«.

Gerhard Zeidler geht nicht mehr so gern hoch nach Dora. Niedergeschlagen schleicht er über den Schotter des Appellplatzes. In der flachen Baracke arbeiten seine Kollegen. Sie reden nur noch in kurzen, scheuen Sätzen mit ihm. Wenn überhaupt. Die Warnung zu schweigen, sitzt tief. Jeder hat eine Kopie des berüchtigten Zeitungsartikels erhalten. Zeidlers Schicksal ist in Aussicht gestellt. Arbeitsplätze sind dünn gesät in Nordhausen.

Zeidler blinzelt müde in das glänzende Buchenwäldchen. Er begreift langsam, daß er den Kampf nicht gewinnen wird. Es gibt keine Gerechtigkeit.

Es gibt Verbindungen. Kulturdezernent Detlef Müller kennt den ehemaligen Leiter der Gedenkstätte, Dr. Kuhlbrodt, von früher. Er schätzt ihn als kritischen Kopf. (Kuhlbrodt ließ die Schautafeln überpinseln.) Dr. Kuhlbrodt ist mit Herrn Dr. Klose befreundet. Dezernent Müller sah in Dr. Klose den geeigneten Mann für den Direktorenposten im neuen Nordhäuser Gymnasium. Herr Dr. Klose ist verheiratet. Mit Frau Dr. Klose. Frau Dr. Klose wurde unter 11 Bewerbern als kommissarische Leiterin der Gedenkstätte ausgewählt. Vom Landratsamt. Herr Tilo Große ist Kulturchef beim Landratsamt. Er beauftragte den Leipziger Gartenarchitekten Prof. Schnabel, eine Studie für die Gestaltung der Gedenkstätte zu erarbeiten. Prof. Schnabel ist der Schwager von Tilo Große. Die Studie kostet etliche tausend Mark.

Die Verbindungen zu Herrn Zeidler dagegen sind gekappt. Frau Dr. Klose läßt wissen: »Wenn man bedenkt, daß der Mann sowieso bald Rentner wird, ach Gott.« Kulturdezernent Detlef Müller bemerkt: »Auch wenn wir den Mann jetzt nicht suspendiert hätten, hätten wir uns von ihm trennen müssen. Es gibt eben Leute, die können mit ihrer Vergangenheit einfach nicht brechen.« Und Tilo Große beruhigt: »Sie als Journalisten trifft da überhaupt keine Schuld. Ich würde mir da keine Gedanken machen. Die Sache ist einfach nicht wichtig genug.«

Das Getriebe arbeitet. Es hat sich entschieden, das Sandkorn zu zermahlen.

Dieser Beitrag wird Gerhard Zeidler nicht viel helfen. Manchmal ist Berlin eben doch ganz schön weit von Nordhausen entfernt.

24. Juli 1991

Ich sollte mich glücklicherweise irren. Wenige Tage nach Erscheinen dieses Beitrages nahm das Nordhäuser Landratsamt die Suspendierung Gerhard Zeidlers zurück. Seine Chefin, Frau Dr. Klose, erwartete Zeidler mit einem Blumenstrauß in ihrem Büro. Sie entschuldigte sich vor der gesamten

Belegschaft »für den bedauerlichen Vorfall«. Manchmal liegen Berlin und Nordhausen dichter beieinander, als man denkt.

»Mal sehen, wie schnell sie den Hentschel vergessen.«
Wie schnell zerfällt ein sozialistisches Kollektiv?

Die mechanische Werkstatt im Kabelwerk Oberspree ist ein großes schwarzes Loch. Sie duldet keine Farbe. Nach und nach überzieht sie jeden neuen Gegenstand mit einer öligen, rußigen, schwarzen Schicht. Die Decken, die Wände, die Maschinen, die Arbeiter. Auch die Fenster sind verklebt. Es riecht nach Schweiß, Öl und Waschpaste. Nach Arbeit.

Im kalten Licht der Neonlampenbatterie streckt sich ein Gang durch die Maschinen, Werkbänke und Schrotthaufen. Er ist links und rechts von matten Streifen begrenzt, die den Gabelstaplerfahrer orientieren, und endet im Halbdunkel. Die schwarze Eisentreppe, die sich am Ende der Halle aufschwingt, kann man gerade noch so erkennen. Die Schlosser, Dreher und Mechaniker, die hier arbeiten, haben Angst vor dieser Treppe.

Sie haben öfter als sonst dorthin ins Halbdunkel geschaut in den letzten Wochen. Ängstlich und mißtrauisch. Wohl auch mitfühlend, wenn sich wieder ein gebeugter Leib im öligen Arbeitsanzug auf den Weg zur Treppe machte.

Wer ihre Stufen hochsteigen mußte, war in der Regel ausgezählt. Oben wartete der Chef mit den blauen Briefen. Etwa 60mal rief er in dieser Sache im ersten Halbjahr zu sich. »Wenn wieder jemand die Treppe ruff mußte, war die Stimmung hier unten uff null, det kann ick Ihnen sagen«, erinnert sich Uwe Schulz von der Hobelbank und zeigt auf die Treppe. »Natürlich taten die einem leid«, sagt er, »aber andererseits war man ja auch froh, nicht dabeizusein.« So teilte die Treppe das »Kollektiv der mechanischen Werkstatt«. In die, die sie hochgehen mußten, und die, die unten bleiben durften. Zehn kleine Negerlein. Ein Abzählreim aus dem realen Leben.

Uwe Schulz ist 28 Jahre alt und hat noch mal Glück gehabt. Im Zweifel entscheidet das Alter. Seinen Kompagnon, mit dem er über zehn Jahre die Hobelbank drückte, hat er eingebüßt. Der war schon 60. Schulz hat fast alles, was er an der Werkzeugmaschine kann, vom alten Hentschel gelernt. Beinahe zärtlich streicht er über seine Hobelbank. »Wir haben schon schöne Sachen zusammen gemacht. Drehbankbetten und so was.« Wer nie ein Drehbankbett gebaut hat, kann kaum nachvollziehen, mit welcher Wehmut Uwe Schulz davon spricht. Er ist Arbeiter. Er geht gern in diese schwarze Höhle, er saugt den säuerlichen Geruch ein, streift sich sein verschmiertes T-Shirt über und stellt sich hinter seinen Hobel. Er sieht zu, wie sich unter seinen Händen irgend so ein Bauteil formt. Wenn es genau ist und paßt, dann ist es gut. Er nimmt am Ende jedes Monats ein wenig mehr als tausend Mark dafür mit nach Hause. Es reicht ihm, sagt er.

Günther Hentschel ist aus dem gleichen Holz. Wie sonst kann er stolz sein auf dieses Kabelwerk Oberspree. Ein Ungetüm aus schmuddligem Backstein, das lärmt und qualmt, verschuldet ist und seine treuen Diener reihenweise in den Hintern tritt. 45 Jahre lang ist er jeden Morgen pünktlich in der Köpenicker Wilhelminenhofstraße erschienen. Jetzt bekommt er nicht einmal mehr eine Abfindung. Dennoch spricht er die drei Buchstaben

KWO mit einem gehörigen Stolz aus. »Das können Sie nicht verstehen«, macht er deutlich, »ich hab das Werk mitaufgebaut nach dem Krieg. Stein für Stein, Maschine für Maschine. Wenn ich morgens gekommen bin, war das, als betrete ich mein eigenes Haus.«

Das war so, bis er die Treppe hoch mußte. »Wie in Zeitlupe bin ich da hoch«, erinnert er sich. Er hat gewußt, daß sie ihm dabei zuschauen, doch er wollte ihr Mitleid nicht. Als der Chef anhob, daß es ihm leid tue, hat er ihm entgegnet: »Du brauchst hier kein Theater abzuziehen. Ich weiß doch, was los ist.«

»Er hat nicht viel gesagt, der Günther«, berichtet sein Kollege Uwe Schulz. »Er war ruhiger als sonst. Aber mir konnte er nichts vormachen, dazu kenn' ich ihn zu lange. Günther war fix und fertig.« Er soll ein bißchen aufbrausender gewesen sein in den letzten Tagen, meint ein anderer. Wegen Kleinigkeiten soll er rumgeschrien haben. Uwe Schulz jedenfalls war ein bißchen froh, als der 1. Juli kam. »Ich kam mir echt bescheuert vor. Ich hab alles von ihm gelernt. Und dann wird er gefeuert, und ich bleibe. Wenn ich nicht gewesen wär' hätte Günther seinen Posten doch noch.«

Mit seinem Mitleid steht er ziemlich allein in der Werkhalle. Mit den Selbstvorwürfen erst recht. Es geht weiter in der schwarzen Höhle. Der 1. Juli war keine Zäsur. Weil der Tod schleppend kam, nach und nach im Kurzarbeiterkleid, und weil vorn das Licht ist. Jeder kann der nächste sein. Da gilt es, sich unentbehrlich zu machen.

Der 53jährige Klaus Reinhard hat sich nur kurzzeitig mit dem Gedanken beschäftigt, entlassen zu werden. Er hat sich eine Philosophie für den Ernstfall zusammengezimmert, die so geht: »Wat kommt, det kommt.« Ansonsten arbeitet er weiter.

Gewissensnöte kennt er nicht. »Ich hab die Leute doch nicht entlassen.« Etwas in Schwierigkeiten bringt den Maschinenschlosser die Frage, wen es denn eigentlich aus seinem Meisterbereich erwischt habe. Einen von den Jüngeren glaubt er, genau weiß er es nicht. Drei Mann, erfahre ich später, waren es in diesem Bereich. Drei von vielleicht zwanzig. Zwei von ihnen sind gegangen, ohne daß es ihr Kollege registrierte. Die Zeit geht weiter. Klaus Reinhard wendet sich wieder einem 15er Rohr zu, das es zu biegen gilt.

Sein zwanzig Jahre jüngerer Kollege am anderen Ende des Rohres konstruierte sich ein abweichendes Argumentationsgerüst. »Manche haben das doch regelrecht provoziert«, erklärt er, »die haben groß das Maul aufgerissen. Da brauchen sie sich ja nicht zu wundern, wenn sie fliegen.«

Eines weiß er ganz genau. »Wenn mich jemand auf Kurzarbeit setzt, kümmere ich mich aber sofort um einen neuen Job und warte nicht ab, ob ich vielleicht wieder vollbeschäftigt werde.«

Es ist die Argumentation seines Chefs. Wenn man die Treppe raufgeht, gelangt man zu Wolfgang Pilz, Betriebsteilleiter Mechanik. Pilz ist ein energischer Typ. Ausschweifende Erläuterungen am anderen Ende des Telefons zerhackt er mit einem zackigen: »Komm zur Sache.« Er hat seinen Stuhl über die Wende nicht eingebüßt.

»Es ist ja nicht so, daß hier am 1. Juli völlig überraschend die Entlassungswelle anrollte«, hält Pilz fest. »Alle 60 Personen, die wir zur Kündigung vorbereitet haben, waren vorher bereits auf Kurzarbeit null Stunden umgestellt worden.« Erschütterung, heißt das, sei fehl am Platze. Die Personen sind vorbereitet worden. Soweit zur Einordnung, nun folgt der Schlag. »Die haben doch gut gelebt mit dem Kurzarbeitergeld. So gut, daß sie sich gar nicht um eine neue Arbeitsstelle bemüht haben. Jetzt tun sie erschrocken. Da kann ich ihnen dann auch nicht helfen.«

An den Günther Hentschel erinnert er sich gern. »Der war immer pünktlich.« Na ja, die Zeit habe ihn wohl überrollt. Soweit er sich erinnere, wäre der Günther auch gern noch ein bißchen geblieben. »Kündigung klingt ja auch immer ein wenig anrüchig.« Tja, leider. Aber es sei ihm nichts anderes übriggeblieben, als den Hentschel in den wohlverdienten Ruhestand zu schicken. »Wohlverdient«, sagt Betriebsleiter Pilz, als sei ihm da eben etwas ganz Geniales eingefallen. »Wohlverdient, ja so will ich es mal nennen.«

Günther Hentschels Erinnerungen an seinen ehemaligen Chef sind weniger wohlwollend. »Wenn man die Nase so hoch trägt wie der, sieht man den kleinen Mann an der Maschine nicht mehr«, urteilt er. Pilz gilt ein Teil der Wut des 60jährigen, der aussieht wie 45. Den anderen Teil muß er im Bauch behalten, weil er nicht weiß, wohin damit. Sein: »Ich wünsche mir die Mauer wieder«, klingt ebensowenig überzeugend, wie es ihm hilft. Und dann mischt sich doch noch ein bißchen Vorwurf in seine Rede, als er über die Überlebenden spricht. Vorwurf und Rechtfertigung. »Früher haben wir, wenn jemand Geburtstag hatte, mal 'ne halbe Stunde früher Schluß gemacht und sind raus zum Bootshaus feiern. So was ist heute undenkbar. Zum Schluß konnte man sich ja nicht mal mehr unterhalten, weil man Angst hatte, der Chef könnte denken, man hat nichts zu tun.«

Da kann ihm Horst Billing nur beipflichten. Billing ist 56 Jahre alt und arbeitet noch vier Stunden täglich in der Mechanik. »Ich bin als nächster dran«, weiß der Dreher. Darum, sagt er, könne er auch reden. Nur die, die nichts mehr zu verlieren haben, sprächen aus, daß es keine Solidarität mehr gäbe unter den Kollegen.« »Die anderen halten sich an ihren Maschinen fest und wollen ja nicht auffallen«, beschwert sich der kleine graulockige Mann. Und seine Iris schwimmt im Tränenmeer. In der nächsten Woche hat Horst Billing sein 30jähriges KWO-Jubiläum. Niemand wird daran denken. Billing hat zwei seiner engsten Kollegen eingeladen. Sie werden ein Bier trinken gehen. Keine Feier direkt. Denn zu feiern gibt's nichts.

Irgendwann wird er seinen 60 Kollegen folgen. Wahrscheinlich wird es schon bald sein. Es wird nicht leichter dadurch, daß er der 61. ist. Nur die Angst währt länger.

Das ist alles schwer nachzuvollziehen für den jungen Betriebsrat. Er hat ja nur die Computerausdrucke. Lange Papierfahnen, mit Namen und Daten bedruckt. Günther Hentschel oder Billing kennt er nicht. Wie soll er auch. »Hier auf der Liste stehen 1 200 Stück«, stöhnt er. Er kämpft den Funktionärskampf zwischen Bürokratie und Anteilnahme. Was weiß er von der Treppe in der mechanischen Werkstatt! Sein Problem ist, den Druck von Protestresolutionen durchzustellen. »Das muß heute noch raus. Die Geschäftsleitung hat den Sozialplan gekündigt.« Bald wird der Abzug unten an der Wandzeitung in der Werkstatt hängen. Dort, wo früher immer die Wettbewerbsergebnisse vergammelten.

Als Günther Hentschel am 30. Juni nach über 45 Jahren das vorläufig letzte Mal in seiner Werkhalle war, hat er sich überlegt, »wie schnell man wohl den alten Hobler vergessen wird«. Als ich ein paar Tage später einen alten Mechaniker frage, an welchem Platz denn der Hentschel gearbeitet habe, antwortet er: »Der Hentschel? Ach richtig, der Hentschel. Der muß da hinten gearbeitet haben. Das war so 'n kleiner Dicker.«

Hentschel ist groß und schlank. Er muß mit dem Mechaniker mindestens zwanzig Jahre lang in einer Halle zusammengearbeitet haben. Die Zeit läuft weiter. Vielleicht war es ja auch nur zu dunkel in der Werkstatt.

13. Juli 1991

Trubel in der Stube
Warum ein Thüringer Ehepaar bereut,
seine Wohnungseinrichtung an ein
Kölner Museum verkauft zu haben

Gertraud Dorfner hätte gern ihre Anbauwand zurück. Und die Sitzgruppe. Liebend gern würde sie morgen früh aufstehen, in die Küche schlurfen und an ihrem alten Foron-Gasherd Kaffeewasser aufsetzen. Doch der ist weg. Jeden Morgen steht da jetzt die glitzernde Miele-Einbau-Küche. Beige und zehntausend Mark teuer. Mit Elektroherd und Mikrowelle. Der Traum aller Hausfrauen. Gertraud Dorfner will sie nicht. Es soll sein wie früher. Sie hat es satt, Mauern einzureißen. Sie will kein Pionier sein.

Es ist zu spät. Längst lungern auf der Couchgarnitur der Dorfners Schulklassen aus dem Kohlenpott. Kölner Hausfrauen inspizieren die Küchenschränke der Familie, Lehrer und Bibliothekare stöbern im Bücherbord, Kinder tollen auf den Schonbezügen von Siegfried Dorfners Trabant 601 herum. Wir kennen die abgestoßenen Ecken der Küchenspüle, wir wissen, wie Herr Dorfner Rostbratwürste wendet und was Frau Dorfner einzukaufen pflegte. Familie Dorfner hat keine Geheimnisse mehr vor der Nation. Irgend etwas ist schiefgelaufen.

Dieter Pesch, Direktor des Rheinischen Freilichtmuseums, hatte ursprünglich vor, psychologische und ideologische Mauern zwischen Ost- und Westdeutschen abzubauen. »Um dies zu erreichen, wird es notwendig sein«, meinte der Direktor, »mehr von unseren Brüdern und Schwestern drüben zu erfahren.« Zu diesem Zweck transportierte man größere Teile der Wohnungseinrichtung der Saalfelder Familie Dorfner von Thüringen ins Rheinische Museum nach Kommern.

In einer hergerichteten Scheune sind seit einem guten Monat Wohnzimmer, Küche, Trabant, etliche Familienfotos der Dorfners sowie Mitgliedsbücher verschiedener Massenorganisationen und das eine oder andere Kleingut, das sich in einem sechzigjährigen Leben ansammelt, der Öffentlichkeit zugänglich.

Die Biographien von Siegfried und Gertraud Dorfner sind in einer 147seitigen Broschüre aufgeschrieben. Aufgelockert durch zahlreiche Abbildungen aus dem Familien-Fotoalbum. »Die Lebensgeschichte des Ehepaares«, schreibt Dr. Pesch im Vorwort, »kann möglicherweise hilfreich sein zu verstehen, warum Menschen in den neuen Bundesländern so handeln, wie wir es nicht von ihnen erwartet haben.«

Die Dorfners wissen nicht, was man von ihnen erwartet beziehungsweise nicht erwartet hat. Es ist ihnen auch ziemlich egal. Es würde ihnen wahrscheinlich genügen zu wissen, warum sie so gehandelt haben, wie sie es von sich selbst nicht erwartet haben. Die Erinnerung an die gute alte Zeit klärt den Blick zurück nicht gerade. Je mehr sie darüber nachdenken, desto unverständlicher wird ihnen ihr Handeln.

»Kein schlechtes Wort über den Trabant«, erbittet sich Herr Dorfner. Frau Dorfner erinnert sich daran, daß sie ihn beim Abschied sogar gestreichelt hat. Sie schickt einen traurigen Blick ins Küchenregal, wo das gute Stück im Wechselrahmen verewigt ist. »Ach ja«, seufzt Herr Dorfner, »wenn man dreizehn Jahre gewartet hat, fällt einem der Abschied schon schwer.«

Zunächst hätte er das Ansinnen des Museumsdirektors, den sie zufällig 1990 bei einem Besuch in Köln kennengelernt hatten, auch strikt abgelehnt, doch dann sei auf der Rückfahrt nach Saalfeld die Zündspule durchgebrannt. »Da haben wir uns die Sache noch mal durch den Kopf gehen lassen.«

Beschleunigt wurde der Entscheidungsprozeß durch das finanzielle Angebot. 5 000 D-Mark waren vor der Währungsunion kein Pappenstiel, auch heute geht der Preis für den Trabant aus der Sicht der Dorfners wohl in Ordnung. Mit dem Trabi-Geschäft war der Bann gebrochen. Küche und Wohnzimmer waren eigentlich nur noch Formsache. Zumal die Transporteure aus dem Rheinland immer schon die neuen Möbel auf dem Laster hatten, wenn sie in Saalfeld vorfuhren, um die potentiellen Museumsstücke einzutreiben.

Der Direktor aus Kommern hatte Sponsoren von seiner Idee, ideologische Grenzen durch die begehbare Ostwohnung abzubauen, begeistern können. Die investierten jeweils 10 000 Mark in Wohnzimmer beziehungsweise Küche – für die gute Sache. Schließlich sollte jeder seinen Anteil an der deutschen Einheit abliefern. Auch die Dorfners meinten, diesbezüglich ihre Pflicht erfüllt zu haben. »Das letzte Jahr war ja nicht so einfach. Wir haben auf die Möbel gewartet und so.«

Daß es noch schwerer werden würde, wenn sie erst mal da sind, die Möbel, hätten sie nicht im Traum gedacht. Auch die modernste Einbauküche hat nämlich den Nachteil, nicht sehr gesprächig zu sein. Gerade Gesprächspartner aber brauchen Siegfried und Getraud Dorfner nun. Saalfeld meidet die beiden. »Im Konsum tuscheln sie hinter meinem Rücken«, berichtet Frau Dorfner. »Meine Kollegen haben gesagt, ich sollte mich schämen«, ergänzt ihr Gatte. »Sie wollen für mich sammeln, wo's mir so dreckig geht.« Sie starren unglücklich auf ihre Lesebrillen, die vor ihnen auf dem Küchentisch liegen. »Niemand kommt uns mehr besuchen«, sagt Gertraud Dorfner leise. Es ist still in der Küche. Ab und zu poltert die Gefriertruhe. Die darf poltern, weil sie vom dkk-Scharfenstein kommt. Der letzte Flecken Heimat in der Küche.

Die dicke Frau, die durch Siegfried und Gertraud Dorfners ehemalige Küche spaziert, hat ein gelbes Lacoste-T-Shirt über den Shorts baumeln und kommt aus Bonn. »Ach wissen Sie«, sagt sie etwas desillusioniert, »das kenn' ich doch alles aus der Nachkriegszeit. Ich hatte auch mal so einen Küchenschrank. Na ja, vielleicht war er etwas besser. Jedenfalls kenn' ich das. Wir waren ausgebombt, uns ging's gar nicht gut.« Die Dicke zurrt den Gurt ihrer Umhängetasche zwischen ihren ausladenden Brüsten fest und stapft über den herrlichen schwarz-rot-goldenen Teppich ins Wohnzimmer weiter.

Ausgebombt! Ein älteres Ehepaar fühlt sich beim Anblick der polierten Schrankwand an die fünfziger Jahre erinnert. Der Mann erklärt: »Da sehen Sie mal, wie die beschissen worden sind.« Der Frau fällt ein: »Und jetzt stürzen sie sich auf die Otto-Versand-Sachen. So 'n Zeugs würde ich nie wieder anziehen. Aber da müssen die durch. Wie wir früher.« Die Dorfners haben sich ihre Schrankwand vor zehn Jahren zur Silberhochzeit anfertigen lassen. »Das war nicht billig damals«, erinnert sich Herr Dorfner, »wir haben sie gepflegt, deswegen sieht sie auch heute noch so gut aus. Eigentlich nichts fürs Museum.«

Sabine Thomas-Ziegler betreute die Ausstellung, weil sie die Sache »schon unerhört spannend« fand. Die Reaktionen zeigen ihr jetzt, »wie wichtig so eine Ausstellung eigentlich ist«. Natürlich habe sie da einige Probleme vorhergesehen. »Die Dorfners konnten das nicht, das lag einfach außerhalb ihrer Vorstellungswelt. Ich kann ihnen da auch nicht helfen. Aber vielleicht fahr ich im Oktober noch mal runter. Ja, ganz bestimmt.« Es ist ja nicht so, daß ihr die Leute egal sind. »Ich hab die schon gern.«

Sabine Thomas-Ziegler sitzt in einem schönen hellen Arbeitszimmer, mitten im herrlichen Park des Freilichtmuseums. Hunderte Kilometer von den unglücklichen Dorfners entfernt. Im Augenblick bereitet sie eine Exposition von erzgebirgischer Volkskunst vor. Räuchermännchen, Pyramiden, Nußknacker und so was. Ohne ideologisches Hinterland diesmal.

»Die Zeiten haben sich eben gedreht«, bemerkt sie. »Die Stimmung für den Osten ist hier im Augenblick nicht so sonderlich gut. Wo jetzt auch noch die Entscheidung gegen Bonn gefallen ist.« Deshalb, so vermutet sie, sei auch der Sponsor fürs Schlafzimmer abgesprungen. »Aber das war ein Designerladen. Die Möbel hätten sowieso nicht richtig gepaßt. Außerdem verkörpere das Schlafzimmer ja immer auch so ein bißchen Privatsphäre.

Im Schlafzimmer der Dorfners ist also alles beim alten. Aber die beiden wollen nicht den ganzen Tag im Bett bleiben. Wenn sie doch bloß jemandem ihre neuen Wohnzimmermöbel zeigen könnten! Bewunderung vertreibt die Reue. »Und?« fragt Herr Dorfner stolz, als wir in dem kleinen Zimmer stehen, das mit dunklen schweren Möbeln aus dem westdeutschen Discount total vollgestellt ist. Tja.

Später erklärt mir Sabine Thomas-Ziegler, daß ich erste Zeichen der einsetzenden Einheit übersehen hätte. »Die Möbel sind zwar absolut unpassend, aber die Dorfners haben sich für Nußbaum entschieden. Verstehen Sie? Nußbaum ist im Westen zur Zeit sehr gefragt.«

3. August 1991

Die letzten Opfer des Rosa Riesen
Ein Frauenmörder knackt die harte Dorfschale

In Rädel ist Schluß. Die Landstraße windet sich aus Lehnin noch ziemlich entschieden am Großen Lehniner See entlang, zieht selbstbewußt an der ausgebrannten Ziegelei am Rädeler Ortseingang vorbei, bevor sie zur einzigen Hauptstraße der 600-Seelen-Gemeinde wird. Etwa in Höhe der Landbäckerei Rädel gerät sie etwas ins Holpern. Sie verliert zunehmend an Asphalt und ist drei Häuser später nicht mehr als ein löchriger Sandweg. Was von der Straße übrigbleibt, verliert sich hinterm Dorfrand im Wald. Der einzige Weg aus Rädel heraus ist der Weg zurück. Das brandenburgische Dorf ist eine Sackgasse.

Bislang haben die Einheimischen übern Gartenzaun gegrinst, wenn sich ein auswärtiger Wagen nach Rädel verirrt hatte. Ein wenig hämisch hatten sie hektische Wendungen beobachtet, ungläubige Fahrerblicke belächelt und erleichtert registriert, daß der Irrgeist ihre Idylle wieder verließ. Niemand stört Rädel. Fast niemand. In den 30er Jahren drehte die UFA hier einen Soldatenschinken. Der Bürgermeister kann noch die Stelle zeigen, an der Hauptdarsteller Paul Hörbiger in den Dorfpfuhl fallen mußte. Ja, der Hörbiger. Und nun das.

Am 2. August stellte sich heraus, daß der lang gesuchte Frauenmörder von Beelitz, der »Rosa Riese« der Boulevardblätter aus Rädel stammt. Der ruhige Wolfgang von den Schmidts aus der Hauptstraße war's. Seitdem verirren sich die Leute nicht mehr nach Rädel. Sie fahren bewußt in die Sackgasse. Und die Rädeler begrinsen das Eintreffen der Auswärtigen nicht mehr. Sie verschwinden. Sie schließen die Rolläden. Sie haben Angst. Ein Dorf kämpft um seinen inneren Frieden.

Der Wirt der »Alten Ziegelei« hat kein Bock auf Reden. Er riecht Journalisten inzwischen zwei Meilen gegen den Wind. »Trinken Sie Ihren Kaffee aus, und lassen Sie mich zufrieden«, erklärt er gelassen. »Das ist hier eine Gaststätte und kein Informationsbüro.«

Wie ich später höre, bin ich damit überaus gut bedient worden. Er hat auch schon Reporter rausgeworfen, die seine Gäste mit Fragen belästigt hatten. Doch jetzt am frühen Nachmittag gibt's keine Gäste zu belästigen. Müdes Tageslicht sickert durch Butzenscheiben, die unbequemen rustikalen Holzschemel quälen keine Gesäße. Zwei Mädchen wollen Spiraleneis, Spiraleneis ist aus. Wir beobachten das erfolgreiche Fliegenklebeband und schweigen. Er haßt mich. Sie haben geschrieben, daß es keine Gaststätte in Rädel gibt, weil er sie vor die Tür gesetzt hat, diese Schmierer. Es ist dem Wirt egal. Er führt das beste Haus am Platz. Vor allem das einzige. Sollen sie schreiben, was sie wollen.

Als er hinterm Tresen verschwindet, steckt mir die Kellnerin ungefragt zu: »Zweimal war er hier, der Schmidt, wie gesagt, ist nur immer 'ne Stunde geblieben. Ganz ruhiger Typ, wie gesagt.« Wie gesagt. Dutzendmal gesagt wahrscheinlich, dutzendmal mitgeschrieben. »Jetzt ist es aber ziemlich ruhig geworden«, sagt sie. Es klingt ein wenig bedauernd. »Es steht ja auch nichts mehr in den Zeitungen.«

Boulevardjournalisten sind gnadenlos. Das ist

ihr Job. Sie haben ihn so gewollt. Sie haben Rädel für anderthalb Wochen in einen Kriegsschauplatz verwandelt. Bis zu 60 Journalisten, hört man, haben das Dorf belagert. Sie haben Dorfbewohner aus ihren Häusern gezerrt und abgelichtet, haben ihre Aussagen verdreht, sie haben das Haus der Eltern des Frauenmörders Tag und Nacht mit ihren Teleobjektiven bewacht. Einer ist dem Vater von Wolfgang Schmidt vors Auto gefahren, um ihn zum Anhalten zu zwingen. So konnte er den verschreckten, traurigen Mann endlich fotografieren. Die Dorfbewohner haben einen kleinen Einblick erhalten, wie man sein muß, um diese lustigen bunten Blätter vollzukriegen, die sie so gerne lesen. Blutrünstiger als Boulevardjournalisten sind nur noch ihre Leser.

Das Zentrum des Bösen liegt schräg gegenüber der Landbäckerei. Ein kleines dreieckiges Grundstück. Hinter einem Maschendrahtzaun dösen ein paar Gänse in der Mittagshitze. Durch die morschen, dunklen Bretter der alten Scheune schimmert Stroh. Daneben duckt sich ein kleines Häuschen, hinter der eisernen Zauntür ist gerade noch so sein Giebel zu erkennen. Hier wuchs Wolfgang Schmidt, der Frauenmörder, auf. Hier leben seine Eltern.

Vor der Gartenpforte steht ein kleiner gedrungener Mann im Arbeitsanzug und redet mit einer Nachbarin. Sein Kopf ist gesenkt. Seine Brille dreht er zwischen den Fingern, seine Augen sind müde. Es ist der Vater des Mörders. »Gehen Sie, bitte. Ich lese keine Zeitungen mehr«, erklärt er mir. »Wissen Sie, was die aus mir gemacht haben? Das war grauenvoll.« Seine Stimme vibriert zwischen Ohnmacht und Wut. Bevor er in der Tür verschwindet, sieht er mich noch einmal an. Es klingt komisch, aber er hat ein lustiges rundes Gesicht. Ein biß-

chen müde, aber lustig. Die Zeit wird es zerstören.
»Es war schmutzig«, sagt er noch. Man kann es kaum verstehen.

Das Ganze hat vielleicht eine Minute gedauert. Es hat der Nachbarin gereicht, um vom Erdboden zu verschwinden. Das nächste Haus liegt doch ein paar Meter entfernt. Sie muß gerannt sein. Die Straße ist menschenleer. Schwüle wälzt sich durch den Staub. High noon.

»Die armen Eltern«, sagt die alte Frau und behält den Fuß starr auf der Pedale ihres Damenrades. »Die armen Eltern«, sagt die Sekretärin des Bürgermeisters und vergräbt sich wieder in den Wohnungsanträgen. Die Verkäuferin in der Landbäckerei stimmt ihr zu und auch die junge Frau, die ihre Fensterrahmen streicht. Mehr sagen sie nicht. Dann schließt sich Rädel wieder wie eine Auster. Das Dorf kann mit der vergleichsweise harmonischen Schlußfolgerung leben. Vorübergehend. Solange die Empörung über die schrecklichen Journalisten noch größer ist als die über den Mörder in den eigenen Reihen.

»Lästig, sage ich Ihnen, lästig«, stöhnt die dralle Blondine und drückt sich noch ein Stück weiter aus dem Fenster ihres säuberlich geputzten Einfamilienhauses. Von hier aus hat sie einen guten Blick rüber zum kleinen Grundstück der Schmidts.

Dorthin, wo der Mörder gewohnt hat. »Mit Feldstechern standen sie da rum. Einer hat immer direkt auf der Gartenmauer gewartet, bis sich im Haus irgendwas regt. Die Schmidts sind überhaupt nicht mehr aus dem Haus gegangen. Nur noch nachts, schnell, um das Vieh zu füttern. Die armen Eltern.«

Günter Reuter glaubt zu wissen, warum sich alle einig sind. Er ist der Bürgermeister von Rädel, hat kräftige Arme, ein Paar klare graue Augen und scheint ein famoser Kerl zu sein. »Wir hier auf'm Dorf sind wie eine große Familie«, argumentiert er. »Das ist nicht wie in der Stadt. Hier kennt jeder jeden. Die Schmidts werden weiter gegrüßt, da gibt's nichts. Wär' ja noch schöner. Ich achte schon drauf, daß die wieder auf die Beine kommen.« Günter Reuter wird zwar nie verstehen, warum ein Mannsbild sich Frauenunterwäsche anzieht, aber daß die restlichen Schmidts dafür vor die Hunde gehen, will er nicht mitansehen. »Da nehm' ich mir auch mal 'ne Stunde Zeit, um mit den Eltern zu reden.«

Reuter, der Landarbeiter, ist auch als Bürgermeister ein Mann der Tat. Er hat Drohbriefe aus allen Teilen des Landes bekommen. Die Briefeschreiber kündigten an, sich den Mörder eigenhändig vorzuknöpfen, sollte seine Strafe zu gering ausfallen. »Richtige Interessengemeinschaften haben sich da gebildet«, erinnert er sich. Kein Problem für den Bürgermeister. »Die hab' ich umgehend an die Kripo weitergeleitet. Da sind sie an der richtigen Adresse.« Ganz anders die Reaktionen im eigenen Dorf. Da sei ihm nichts »Nachteiliges« zu Ohren gekommen. »Hätt' ich mir eigentlich auch nicht vorstellen können.« Die große Familie Rädel eben. In der jeder jeden kennt.

Die hereinfallenden Reporter halfen den Rädelern, ihre verwirrten Gefühle zu ordnen. Ihre Erschütterung hat ein vorläufiges Ziel. Doch nichts ist älter als die Zeitung vom Vortag. Und fremde Skandale sind willkommen.

Als der letzte Kunde aus der Landbäckerei verschwunden ist, bricht es aus der Verkäuferin heraus. Während unseres ersten Gesprächs hat sie sich noch als Anhängerin der Arme-Eltern-Argumentation zu erkennen gegeben. Da war der Laden voll. »Arme Eltern«, sagt sie jetzt. »Ja, aber wer denkt denn eigentlich an die Opfer. Tun die keinem leid. Also, ich weiß nicht. Außerdem. Weiß man denn, ob die Mutter den Jungen nicht doch dahin getrieben hat. Das soll ja auch an der Erziehung liegen, hab' ich gelesen.« Dann läßt sie auch noch den Rest raus. »Also neulich auf dem Markt in Werder hat mich jemand darauf angesprochen. ›Habt ihr denn überhaupt nichts gemerkt?‹ hat er mich gefragt. Angenehm war das nicht gerade. Und auf dem Reisebüro, wir wollen jetzt verreisen, hat die Beamtin auf den Reisescheck geguckt und gesagt: ›Ach, aus Rädel sind Sie. Ist ja interessant. Da, wo der Mörder herkommt. Erzählen Sie doch mal.‹ Das ist schon peinlich. Da hab' ich mich richtig geschämt, daß ich aus Rädel komme. Und denken Sie nicht, daß ich mit meiner Meinung hier allein stehe.«

Schande über Rädel. »Sie haben unseren Ort schlechtgemacht«, hatte die dralle Blondine vorhin noch gewettert und kaum noch die Journalisten gemeint. »Man wird in den Nachbarorten schon verscheißert. Schlimm ist das.«

Über die Dorfstraße, dort, wo sie noch asphaltiert ist, streicht eine gestreifte Katze. Von rechts nach links. Wenigstens das. Das Dorf ist bereit, wieder einzuschlafen. Vielleicht gibt es noch mal eine kleine Eruption, wenn der Prozeß gegen den Frauenmörder Wolfgang Schmidt beginnt. Irgendwann werden die Leute wieder hämisch grinsen, wenn ein Berliner in ihrer Sackgasse steckt. Bis zum nächsten Mörder oder Großbrand. Vielleicht schlägt ja auch ein Meteorit ein. Das wär' mal was Positives. Für die Familie Schmidt wäre es gut, wenn das schnell passierte. Zeitungen verblassen, aber das Unterbewußtsein lebt.

Am vorigen Sonntag waren die Schmidts wieder spazieren. Das erste Mal seit der neuen Zeitrechnung in Rädel. Sie sind in den Wald gegangen. Da trifft man nicht viele Leute. Die, die ihnen auf dem Rückweg begegnet sind, haben sie gegrüßt. Mitfühlend. Wie sich das gehört in einer großen Familie. Nach ein paar Metern haben sie sich umgedreht und den Schmidts hinterhergeschaut. Die dralle Blonde hat zu ihrer Nachbarin gesagt: »Schön, daß sich die Schmidts jetzt wieder raus trauen.« Dann ist ihr ein kleiner Schauer über den Rücken gelaufen, als die beiden Leute im Haus verschwanden. Im Haus des Frauenmörders.

31. August 1991

Nicht schlimmer als die Russen
Die Tiefflieger kommen, und niemand hat Angst

Es ist ruhig in Laage. Die Sonne döst auf dem kleinen gepflasterten Marktplatz der mecklenburgischen Stadt. Menschen warten auf Obst, Brötchen oder Broiler, vierfünfzig der halbe. Keine Autos, kaum Touristen. Das erste Haus am Platz ist leer. Das Rathaus wird eben abgeschlossen. Freitagmittag halb eins. Laage rüstet zum Wochenende. Gemächlich. Niemand denkt hier an Phantome. Obwohl alle wissen, daß sie kommen.

Denn die Ruhe in und vor allem über Laage ist nur vorübergehend. Ihr Ende hat der Bürgermeister von Laage bereits dokumentiert. Sorgfältig rollt Wolfram Steinke den Flächennutzungsplan seiner Gemeinde aus. Ein rotes Häusermeer, umgeben von vielen gelben Flächen, die für Felder stehen. Von links nähern sich zwei Geraden, die im Winkel von 15 Grad auseinanderlaufen. Die untere verliert sich in der schönen, kargen Landschaft Mecklenburgs, die obere streift noch einen beträchtlichen Teil der Stadt Laage, bevor sie in die Felder schießt. Die Linien markieren die Einflugschneise des nahe gelegenen Militärflughafens. Das ist das Blöde.

»Hier unten«, erläutert Bürgermeister Steinke und zeigt auf zwei dunkelrote Rechtecke, die sich deutlich zwischen den Linien befinden, »hier unten liegt die Schule.« Dort weiß man längst, was es heißt, in der Einflugschneise eines Militärflugplatzes zu unterrichten.»Wenn da ein paar MiGs angedonnert kamen, konnten die Lehrer den Unterricht abbrechen.« Die Laager Schüler müssen nun schon seit längerem auf solch willkommene Abwechslung verzichten. Doch sie können berechtigt hoffen. Am 1. Oktober nimmt die Bundesluftwaffe den Flugverkehr wieder auf.

In den stürmischen Herbsttagen 1989 war der heutige Bürgermeister Steinke noch Gast der Protestkundgebungen vorm Militärflugplatz. Dicht gedrängt hatten die Bürger gefordert: »Nie wieder Militärflugzeuge über Laage.« Heute sieht das ehemals aufmüpfige CDU-Mitglied Steinke die Sache etwas nüchterner. »Wir können«, argumentiert der Bürgermeister, »deshalb doch nicht die Schule abreißen. Und den Flughafen schon gar nicht. Schließlich war er der modernste auf dem Gebiet der Warschauer Vertragsstaaten, nicht wahr.« Weil das so ist, hat der Bürgermeister eine Überzeugung entwickelt. »Flugplatz und Stadt wachsen zusammen.« Anzeichen dafür gibt es noch nicht. Aber was zusammen gehört, hat bekanntlich zusammenzuwachsen.

Die Gründe, aus denen Bürgermeister Steinke von den Gegnern zu den Befürwortern des Militärflugplatzes übergelaufen ist, liegen auf der Hand. Es scheint die einzige Chance zu sein, die wirtschaftliche Talfahrt seiner Gemeinde zu stoppen. Auch wenn er vorgibt, nicht über präzise Arbeitslosenzahlen zu verfügen (»Die einen sprechen von 5 Prozent, die anderen von 15, also ich weiß auch nicht.«), weiß er doch, daß es nicht gut aussieht. Der Hauptarbeitgeber Landwirtschaft geht in die Knie. Das ehemals Volkseigene Gut beispielsweise, bei dem früher fast 300 Laager arbeiteten, beschäftigt nach der Privatisierung höchstens noch 50 Bauern. Industrie gibt es nicht, Gewerbe kaum, und für den Touristen bietet Laage einfach zu wenig. Ein funktionierender Flughafen brächte Arbeit und Steuern. »In dieser Frage«, ist sich der Bürgermeister sicher, »gibt es keine gegenteiligen Stimmen. Nicht mal aus der PDS.« Mit etwa 400 neuen Arbeitsplätzen rechnet er.

Vor allem von dem Teil des Geländes, das für den Zivilflugverkehr genutzt werden soll, verspricht man sich einiges. »Ohne große Investitionen könnten wir d e r Flughafen des Landes Mecklenburg-Vorpommern werden«, erklärt Steinke hoffnungsvoll und entwirft Bilder von florierenden Taxi-, Bus-, Mietwagen-, Gastronomie- und Hotelunternehmen in seiner Stadt. Doch dazu bedarf es einer entsprechenden Entscheidung der Landesregierung. Und die stellt sich im Augenblick stur. »Als klar war, daß Schwerin Landeshauptstadt wird, verringerten sich die Bemühungen um unseren Flughafen schlagartig«, meint Steinke weniger hoffnungsvoll. »Wir liegen einfach zu nah an Rostock dran.«

Was nun wiederum andere Vorteile mit sich brächte, auf die ein Bürger am Obststand des Laager Marktplatzes aufmerksam macht. »Wenn von hier aus die Fußballer von Hansa zu ihren Bundesligaspielen starten würden«, erzählt der Mann, »das wäre einfach mal das Größte.« Eine Idee, die dem Bürgermeister noch gar nicht gekommen ist. Leider. Denn damit hätte er Laage wohl geschlossen hinter sich.

Ansonsten sieht man die Fluglage auf dem Marktplatz ziemlich gelassen. »Vielleicht bringt's ja wirklich was. Ich mein' Arbeit und so«, erklärt ein Bauer, der hofft, auf dem Gut weiter beschäftigt zu werden. »Nur der Lärm, dat wär' schon Schiet. Aber schlimmer als die Russen können sie's ja schon gar nicht machen.« Die, sagt er, seien sowieso geflogen wie sie wollten, hätten sich weder an Flughöhe, Flugzeiten noch Anflugwinkel gehalten.

Peter Lienhold dagegen, Wirt in der Gaststätte am Markt, hat schon recht konkrete Vorstellungen von dem, was da aus der Luft kommt. Sie sind durchweg positiv. »Erst mal«, erklärt der junge Mann, »hätte ich dann wieder ein paar mehr Leute aus dem Ort, die es sich leisten können, ihr Bier in der Gaststätte zu trinken. Und dann könnten wir ein echter Knotenpunkt werden. Die Nord-Süd-Autobahn läuft hier in der Nähe vorbei. Die geplante Ost-West-Achse soll sie in der Höhe von Laage kreuzen. Wenn dann noch ein Flughafen dazukäme. Was denken Sie, was das für Gäste brächte«, freut er sich und blickt über die eingedeckten Tische seines Restaurants, die verzweifelt auf Gäste warten.

Auf dem Flughafengelände wäre man überrascht, was da alles von einem erwartet wird. Cool lehnt der Soldat am Wachhäuschen und begutachtet seinen erstklassigen Schnürstiefelputz im unbestechlichen Sonnenlicht. Ohne mit der Wimper zu zucken läßt er passieren. Was für göttliche Zeiten! Vorm Appellplatz verstauen ein paar Uniformierte zwei Bierkästen im Audi-Kofferraum. Nur noch die Einrichtung im Stabsgebäude erinnert daran, daß es hier vor nicht allzu langer Zeit etwas schneidiger zugegangen ist.

Major Fritz, der amtierende Standort-Kommandeur hat nicht groß entrümpelt. Die einzigen neuen Dinge im Zimmer des ehemaligen NVA-Chefs sind das Flugzeugmodell (Phantom) auf dem Schreibtisch, die lederne Majors-Fliegerjacke über der Stuhllehne und natürlich der Major selbst. »Moin, moin«, ruft Major Fritz aufgeräumt. Er kommt aus Oldenburg.

Ganz so aufgeräumt ist er dann doch nicht. »Also, wenn Sie was zu Tiefflügen wissen wollen. Keine Auskunft, meine Herrn«, bemerkt er und klappt ein Pappbuch auf, in dem er in der Folge jede seiner Äußerungen exakt niederschreiben wird. »Die Meinung der Leute im Ort?«, wiederholt der Fliegermajor, »also, durchweg positiv.« Er selbst habe an Gesprächen mit der Bevölkerung teilgenommen und sehr aufgeschlossene Bürger kennengelernt. Nun, die Bürger waren Mitglied des Laager Magistrats und ihre Aufgeschlossenheit professioneller Art.

Zu den Hoffnungen auf den Zivilflug kann Major Fritz nur erklären: »Theoretisch könnten hier sogar Airbusse landen.« Nun ja, sein Job ist schließlich das Militärische, und da wird »angestrengt darauf hingearbeitet«, daß ab 1. Oktober geflogen werden kann. Womit wir die Tabuzone bereits wieder erreicht haben. Auf die Frage nämlich, welche Flugzeugtypen denn in Laage landen und starten werden, läßt der Major nicht mehr heraus als ein recht unverbindliches »Einsatzluftfahrzeuge«. Zum Thema Tiefflüge hat er noch eine lustige Bemerkung übrig. »Im Prinzip kann jedes Flugzeug tieffliegen. Wie Sie bei der Landung sehen.«

In der Pressestelle seiner Vorgesetzten in Strausberg wird man etwas deutlicher. »In Laage werden ausschließlich Phantom-Jäger stationiert«, erläutert der diensthabende Oberstleutnant. Sie würden von dort auch zu »Flügen in niedrigen Flugbereichen« aufbrechen. Tiefflügen also. Die Tiefflieger, die ab heute erstmals über dem Gebiet der ehemaligen DDR kreisen, starten allerdings allesamt noch in den alten Bundesländern. »Die Voraussetzungen in Laage sind recht gut. Dennoch müssen wir zunächst die 2,4 Kilometer lange Landebahn überholen«, erklärt der Oberstleutnant aus Strausberg.

Frühestens nächstes Jahr kämen die ersten Phantome. Die Stationierung des Jagdfluggeschwaders 75 in Laage gar sei erst gegen Ende 1994 abgeschlossen. Darüber hinaus sei die Bundeswehr bemüht, die zivilen Möglichkeiten, die der Flugplatz böte, zu fördern.

Es wird also mit Sicherheit wieder laut in Laage. Doch es scheint, als beunruhige diese Tatsache kaum noch jemanden. Der Bürgermeister erinnert sich mit leichtem Herzen an die jüngste Demonstration auf dem Flugplatzgelände. »Das waren vielleicht 300 Mann. Doch die sind fast alle aus Schwerin oder Rostock angereist. Von uns war da keiner dabei«, beruhigt er sich. So ist die junge Frau, die ihren Kinderwagen über den gepflasterten Marktplatz schiebt, wohl eher die Ausnahme. »Ich weiß nicht, wozu wir überhaupt noch Militärflugzeuge brauchen. Gegen wen sollen die denn fliegen?«, fragt sie sich. Ansonsten begnügen sich die Passanten am heißen Freitagnachmittag mit der nachgeschobenen Bemerkung: »Na ja, der Lärm ist natürlich nicht so schön, näh.«

Bürgermeister Steinke glaubt zu wissen, warum er kaum mit Protesten aus seiner Heimatstadt rechnen muß. »Ach wissen Sie, die Leute hier sind den Fluglärm ja schon gewöhnt.« Und Major Fritz hat noch eine eher regional gehaltene Begründung parat. »Ich mag den Menschenschlag hier. Sie sind ruhig. Fast ruhiger noch als bei mir zu Hause in Oldenburg.«

2. September 1991

Niemand nennt seinen Sohn Waldemar

Die DDR-Sportreporter bleiben in schlechten, was sie in guten Zeiten waren – verfeindete Karrieristen

1980 sah alles noch anders aus. Damals, in einer lauen Moskauer Sommernacht, war Waldemar Czierpinski eben als Marathonolympiasieger durchs Ziel gehechelt, und der famose Sportreporter Heinz-Florian Oertel rief Millionen DDR-Fernsehzuschauern zu: »Nennen Sie ihren Sohn Waldemar!«

Keiner nennt seinen Sohn mehr Waldemar. Wo liegt Lake Placid, wie lange ist Montreal her? Wer denkt noch an Sarajevo? Und wer zum Teufel ist Helmut Recknagel? Jetzt, da sogar Stahl Brandenburg in Gefahr ist und Chemie Halle vakant.

Einmal in der Woche, dienstag vormittags, treffen sich die Reporter der Sportredaktion des Deutschen Fernsehfunks zur Planbesprechung. Wenn es das Wetter zuläßt, öffnen sie derweil die Fenster und werden dann ab und an vom Rattern der S-Bahn unterbrochen, die unweit des Adlershofer Sendezentrums vorbeidonnert. Früher mag sie das aus hitzigen Diskussionen gerissen haben. Heute lassen sie das unschöne Gepolter über sich ergehen. Wie fast alles.

Uwe Grandel hat keinen guten Tag heute. Grandel hat für das DDR-Fernsehen Fußball übertragen, Boxen und Eishockey. Vor allem aber Fußball. Er hat die Klub- und Nationalmannschaften nach Europa begleitet und in die Welt. Er hat Weltmeisterschaften kommentiert und Europacupfinals.

Jeder halbwegs sportinteressierte Fernsehzuschauer der DDR kannte das kantige Gesicht mit der schlichten Metallbrille und Grandels spröde Sprüche. (»Ein Knallbonbon allererster Güte von Ulf Kirsten.«) Heute bleibt ihm die Wahl zwischen Erfurt und Chemnitz, die Fernsehzuschauer gewöhnen sich an Jörg Wontorra, und Grandels Profil wirkt nicht mehr ganz so kantig.

Der Fußballexperte lungert wirbellos im Konferenzsaal, er scheint nicht zuzuhören, er guckt nicht hoch. Wenn er vom Leiter Thomas Skulski direkt angesprochen wird, antwortet er leise und einsilbig. Einmal nur, als ihm vorgeschlagen wird, zwischen die Boxübertragung noch einen anderen Termin zu schieben, rafft er sich zu einem vollständigen Satz auf. »Ich bin von je her ein Vertreter der Auffassung, daß man ein Sportereignis von Anfang bis Ende verfolgen sollte.« Nach diesem Statement sackt der 44jährige Reporter erneut zusammen. Sein Blick gilt wieder der Kniepartie seiner Sommerhose.

Thomas Skulski müht sich ab, macht Vorschläge und Witze, bekommt ein Murmeln, mal ein Kopfschütteln, meistens nichts. Gottfried Weise, zweiter großer Fußballkommentator, liest Zeitung. Sibylle Künstler (»äh, äh, äh«) betrachtet ihre Schuhe, und Ulf-Dieter Hesse, der übers Kommentieren immer das Atmen vergißt, starrt ins Nirgendwo. Gerd Kohse ist im Urlaub, Wolfhard Kupfer entlassen, und Oertel will keiner mehr. Die Sportredaktion, Aushängeschild und Einschaltquotenqueen des DDR-Fernsehens, trauert. Die Haudegen von der Osttribüne sind stumpf.

Der DFF zerfällt, und das Sportteam sitzt mittendrin. Niemand hat mehr ins Mobiliar investiert. Die Schränke und Schreibtische sind graubraun, die Tapetenblumen sind's auch, die Gardinen sind knittrig und das Fernsehungetüm stammt aus Staßfurt. Schon bei guten Aussichten besteht die Gefahr, im Sitzungszimmer depressiv zu werden. Und die Aussichten sind schlecht. Jeden Dienstag wird durchgezählt, wer diesmal fehlt. Nicht laut, jeder zählt für sich allein. Ein schwarzer Abzählreim. So ist das also, wenn eine Redaktion stirbt.

»... und das wird dann die letzte Übertragung sein, die Ulf-Dieter Hesse für uns macht«, wirft der stellvertretende Sportchef Skulski ein. Diesmal also der Ulf. Doch damit nicht genug. Gestern hat ein DFF-Jungreporter das erste Mal die Sportnachrichten bei Radio Bremen gesprochen. Der zweite der jüngeren Generation, Wilfried Hark, schaut heute das letzte Mal vorbei, bevor er zum NDR wechselt. »Darf ich reinkommen«, fragt er lächelnd. »Natürlich, Willi, klar, setz dich.« Das brutalste am Gewinner ist seine Freundlichkeit. Man kann nur tapfer sein. Oder noch tiefer in den Sessel rutschen. Wie Uwe Grandel. Leute mit Charakter haben's besonders schwer in diesen Zeiten. Grandel hat Charakter.

Er ist in der Fachpresse beschimpft worden, in Illustrierten auch. Er, der Altstalinist, moderiert immer noch. Dabei hat er doch nur Sport übertragen. Vor der »Aktuellen Kamera« allerdings und danach, manchmal auch mittendrin. Das ist sein Problem. »Ich habe doch nur für den DDR-Sport gelebt«, versichert Grandel. Es stimmt. Er hat mitgelitten mit den erfolglosen Fußballern und sich gefreut, wenn sie dann doch einmal gewonnen haben.

Grandel hat sich dadurch stärker mit dem kleinen Land identifiziert als die meisten. Wenn die Fahne mit dem Ährenkranz hochgezogen wurde, war es ein bißchen auch sein Sieg. Nun wird die DDR-Nationalhymne in keinem Stadion der Welt mehr angestimmt. Katrin Krabbe wird zugebilligt, damit Probleme zu haben. Uwe Grandel allerdings holt keine Goldmedaillen nach Deutschland. Hoffentlich vergißt er beim Blättern in den alten Olympiabüchern nicht seinen Vorsatz: »Mit 44 Jahren habe ich doch noch keinen Anlaß, die Flinte ins Korn zu werfen.«

Grandel gehöre zu der Generation von DDR-Sportreportern, denen die Wende »ihren ersten deutlichen Karriereknick« beschert habe, meint ein junger Redakteur aus Adlershof.

»Die haben doch jahrelang auf ihren Westreisen gesessen. Die Kuchenstücke, die Oertel übrigließ, haben die Weise, Grandel, Hesse und Thiele unter sich aufgeteilt. Wir Jüngeren hatten da keine Chance.« Das Mitleid mit den schwer zu vermittelnden Reporterkollegen hält sich bei den Jüngeren somit in Grenzen. Zumal gerade die reiselustigen Mittvierziger unmittelbar nach der Wende dem Deutschen Fernsehfunk recht zügig den Rücken kehren wollten. »Die haben regelrechte Promotiontours durch die westdeutschen Fernsehstudios veranstaltet«, erinnert sich der Jungredakteur. »Einer hat den anderen angeschwärzt und sich selbst als Widerstandskämpfer gepriesen.«

Genutzt hat das letztlich nicht allzuviel. Nur einer der alten Garde kam beim ZDF unter, bei dem fast alle vorstellig geworden waren. Eckhard Herholtz. Der wirkt zwar etwas schläfrig. Aber nicht schlimmer als Karl Senne, und der versteht nicht soviel vom Turnsport wie Herholtz. Die anderen kehrten unverrichteter Dinge nach Adlershof zurück und warteten. Zu den entstehenden Landessendern wollte zunächst niemand. Den Weltreisenden schien das der Abschied vom internationalen Wettkampfgeschehen zu sein. Erst als deutlich wurde, daß ein Fußballspiel in Mecklenburg besser ist als überhaupt kein Fußballspiel in Berlin, setzten sich die ersten in die Landesstudios ab.

Peter Woydt ging nach Dresden, Achim Schröter nach Sachsen-Anhalt, Brandenburg mußte sich mit Stilblüte Ulrich Jansch (»die mausgrauen Trikots der DDR-Equipe spannten sich vors bunte Peleton«) begnügen und bekam auch noch »Stahlfeuer« Dirk Thiele dazu, dem unglückseligerweise niemand zu sagen wagt, daß er nicht einmal in Ansätzen wirkt wie Humphrey Bogart. Die mecklenburgischen Fernsehzuschauer müssen ab 16. September mit Ulf-Dieter Hesse rechnen.

Hesse selbst verspricht sich nicht übermäßig viel von diesem Schritt. »Es ist ja überhaupt noch nicht geklärt, ob es einen Landessender Mecklenburg-Vorpommern in Zukunft geben wird. Und wenn, dann werden sowieso alle Stellen neu ausgeschrieben. Ob sie da mich nehmen, weiß ich nicht.« In jedem Fall scheint es besser zu sein als das Warten. Die Sitzungen, die ein junger Redakteur als »Leichenschau« bezeichnet, werden immer unerträglicher. Die Motivation ist weg und kommt vielleicht im Norden wieder. »Die Menschen da liegen mir«, macht sich Volleyballexperte Hesse Mut. »Die Sportarten auch.« Er will die alten Kollegen in Adlershof auf ihre letzten Tage aber nicht hängenlassen. »Wenn die was von da oben haben wollen, mache ich das selbstverständlich«, verspricht Hesse. »Auch ohne Geld.« Das ist ehrenwert, weil es nicht die Regel ist. Peter Woydt lehnt eine Zusammenarbeit mit der DFF-Zentrale grundsätzlich ab. Jansch kippe aus Brandenburg kübelweise Dreck über das »rote Adlershof«, dem er jahrelang diente und zeige sich dementsprechend unkooperativ, sagen die Hinterbliebenen. Was nicht weiter schlimm wäre, wenn das arg geschrumpfte Adlershofer

Team nicht jeden Mann bräuchte, um bis Ende des Jahres durchzukommen. Selbst Jansch.

»Wenn jetzt noch zwei Mann gehen, wird's eng«, erklärt der stellvertretende Chef der Sportredaktion und zirkelt im nächsten Satz den Teufelskreis, in dem er sitzt. »Ich kann den Jungs natürlich immer nur raten, sich einen anderen Job zu suchen.« Skulski ist 32 Jahre alt, kam erst vor zwei Jahren nach Adlershof und wurde von den Wendewirren in den Chefsessel geschleudert. Er mag das eigentlich nicht, weswegen er demonstrativ das schwermöblierte Chefzimmer meidet. Skulski ist Idealist, auch wenn er das bestreitet. Er ist der Käpt'n auf dem sinkenden Schiff, taucht erhobenen Hauptes in die Fluten und erzählt irgend etwas vom »Reiz, den die Situation hat, einen auseinanderbrechenden Sender zu beobachten«. Natürlich weiß er, daß er als junger Mann keine schlechten Karten hat. Zumal er in den neuen Bundesländern bleiben will. Bei seinen älteren Kollegen sieht das anders aus.

»Die Generation von Oertel und Kupfer hat vielleicht eine Chance von einem Prozent, irgendwo unterzukommen. Das ist schon optimistisch«, schätzt Skulski ein. »Bei den Vierzigern muß die Qualität entscheiden. Oder die Vergangenheit.«

»Es ist schon so, daß sie mich in Hamburg gefragt haben, ob ich SED-Mitglied war«, erklärt NDR-Abgang Wilfried Hark. »Ich war keins, aber ich weiß nicht, was das für eine Rolle gespielt hat.« Es fällt dem 31jährigen nicht leicht, wegzugehen, weil er »schon eine gute Zeit bei Sport aktuell« hatte. Immerhin kam seine Reportage vom Bundesligaauftakt aus Rostock bei den ARD-Oberen gut an. Und dort wird nicht zweckgeschmeichelt. Wolfgang Hempel, neben Heinz-Florian Oertel wohl der beste DDR-Sportreporter aller Zeiten, fiel bei der montäglichen Auswertung in der Kölner Sportzentrale durch. Die Reportage vom Auftakt in Dresden war vielleicht die letzte, die der große alte Mann zur ARD-Sonnabendnachmittagkonferenz beigesteuert hat.

Thomas Skulski bringt die Plansitzung irgendwie über die Runden. Es wird einen Gleitflugbeitrag geben, was von einem Tanzturnier, auch ein Überspiel von Skateboard-Meisterschaften. Was die sportlichen Großwettkämpfe anbetrifft, sitzen die Zuschauer wechselweise bei ARD, ZDF, RTL oder SAT 1 in der ersten Reihe, die Adlershofer balgen sich mit den Länderanstalten um Plätze in der fünften. »Alle Macht den Ländern«, ruft Sibylle Künstler aus und bringt Gottfried Weise zu einem bitteren Lächeln.

Ganz am Anfang des Ganges, den die Sportredaktion zu zwei Dritteln beansprucht, saßen früher einmal die Redakteure von »Du und Dein Garten« und »Umschau«. An den Türen kleben noch die Redaktionslogos. Ob hinter den Türen noch jemand sitzt, wissen die Nachbarn vom Sport nicht so genau. »Klinken Sie doch einfach mal«, rät jemand. Ein Anzeichen dafür, daß doch schon eine ganze Menge Fernsehleute das Adlershofer Gelände verlassen mußten, sei das ungewohnt große Platzangebot im Casino, einer kleinen verqualmten Kantine. Und die Parksituation. »Früher«, erinnert sich ein alteingesessener Sportredakteur, »mußtest du in Johannisthal parken. Heute kriegst du problemlos einen Platz genau vor der Tür.«

Freie Parkplätze also. Das bleibt. Nächstenliebe war noch nie eine Stärke der Fernsehleute. Auch nicht der im Osten. Denn vor der Kamera ist selten ein Platz für zwei.

14. September 1991

Sorgfältig, umgehend, schnellstmöglich
Friedrichshain erträgt Lenins Anblick nicht mehr

Lenin kannte seine Pappenheimer. Deswegen wohl hat er sich gleich nach der gewonnenen Schlacht von 1917 ausdrücklich gegen Bilderstürmerei gewandt. Dieses Bekenntnis würde ihn heute etwas in die Zwickmühle bringen. Als prinzipienfester Mensch nämlich müßte er sich gegen jene Kommunalpolitiker auflehnen, die sein Denkmal am Rande des Friedrichshains vom Sockel stürzen wollen. Sie würden das nicht als Prinzipienfestigkeit durchgehen lassen. Sie würden ihm Eitelkeit und Starrsinn vorwerfen.

Lenins Linke krallt sich in den granitenen Mantelaufschlag, die Rechte ballt die Faust. Das spitzbärtige Kinn reckt sich trotzig in Richtung Karl-Marx-Allee. Der Blick streift in angemessener Höhe übers Häusermeer, die Fahne im Kreuz verwehrt den Blick zurück. Seine Füße stecken fest im Gestein. Ein unerschütterlicher Revolutionär, ein arroganter Hund. Ein Bollwerk der Weltrevolution, aus dessen Fugen der Regen Dreck über Mantel und Weste spült. Ein Farbbeutel traf ihn in Kniehöhe, ein anderer erwischte ihn unterhalb der Achsel.

Das hat Professor Nikolai Tomski nicht gewollt. Das hat Walter Ulbricht nicht geahnt. Der eine meißelte Lenin aus dem roten ukrainischen Gestein heraus, der andere erteilte den Auftrag dafür. Im Frühjahr 1970 zog Walter Ulbricht das Tuch von der 19 Meter hohen Statur, und das Volk klatschte. Es war ein schöner Apriltag, 200000 Menschen, hieß es, waren gekommen, um die Hüllen fallen zu sehen. Es galt, einen Meilenstein sozialistischer Lebensweise zu bewundern. Schluß mit den miefigen verwinkelten Mietskasernen im Arbeiterstadtbezirk Friedrichshain. Her mit den Freiflächen und den Wolken ein Stück näher. Berlin hatte eine neue Silhouette, und Walter Ulbricht riß es zu den Worten hin: »Dieser Platz legt Zeugnis davon, daß die Arbeiterklasse und alle Werktätigen unseres Landes Wladimir Iljitsch lieben und verehren, daß sie seine Lehre beherzigen und all ihre schöpferischen Kräfte für den Sieg des Sozialismus einsetzen.« Es kam anders.

Wäre Nikolai Tomski der Lenin etwas unscheinbarer geraten, dann hätte man vielleicht über ihn hinwegsehen können. Aber wie er da so steht, ein Wahrzeichen gewissermaßen, da mußten die Friedrichshainer Lokalpolitiker sich früher oder später seiner annehmen. Jetzt ist es soweit. Lenin muß weg. Sorgfältig, umgehend und schnellstmöglich.

Diese drei Attribute setzten die Fraktionen von CDU (sorgfältig), SPD (umgehend) und FDP/DSU (schnellstmöglich) der Friedrichshainer Bezirksverordnetenversammlung vor ihre Anträge, um getrennt, aber mit Nachdruck an einem Strang zu ziehen. Solchermaßen einig, delegierte man auf der letzten Sitzung die Verantwortung an den Berliner Senat weiter. »Das Bezirksamt beauftragt den Senat mit der beschleunigten Beseitigung des Lenindenkmals«, faßt Gerd Hannemann, Baurat und amtierender Bürgermeister von Friedrichshain, zusammen. Nicht, daß sich Hannemann um eine Entscheidung drücken möchte (»Wenn's nach mir ginge, wäre das Ding morgen weg.«), nein, vielmehr fehlt das nötige Geld. Runde 100 000 Mark veranschlagt man für den Abriß des Granitkolosses. Die hat der Stadtbezirk nicht übrig.»Das würden die Bürger nicht verstehen, wo in Friedrichshain die Wohnsituation so schlecht ist«, räumt Hannemann ein. Aus SPD-Reihen kam inzwischen der Vorschlag, Lenin doch einfach an einen exzentrischen Millionär in Amerika zu verhökern.

Vom Berliner Senat erwartet man finanzielle Unterstützung, die er inzwischen auch zugesagt hat. Schließlich stünde eine äußerst symbolträchtige Geschichtsabarbeitung ins Haus. Wenn Lenin in Ost-Berlin stürzt, wär' das was für die Medien. Allein von der Optik her.

Dazu allerdings müßte man den Friedrichshainer Koloß erst mal von der Denkmalliste streichen. Ihn einfach so abzutragen hieße, gegen den Einigungsvertrag zu verstoßen, der die Übernahme der DDR-Denkmäler auf die westlichen Listen vorschreibt. Diese etwas vertrackte Situation brachte Bausenator Nagel auf die brillante Idee, einfach ein »Denkmal Schwerter zu Pflugscharen daneben zu setzen«. Und die Deutsche Gesellschaft für die Vereinten Nationen könnte sich vorstellen, hier einen »Platz der Vereinten Nationen« zu schaffen. Neben einer UNO-Flagge, so die Organisation, bliebe auch noch Raum für eine Weltkugel.

Angesichts der sich überstürzenden Ereignisse hielt nun auch der Berliner Senator für Stadtentwicklung und Umweltschutz den Augenblick für gekommen, ins Geschehen einzugreifen. Er forderte kurzerhand den Abriß des Denkmals. Ohne zu wissen, daß die Kollegen aus dem Kulturressort bereits am Ball sind. Die Senatsverwaltung für kulturelle Angelegenheiten nämlich schließt gegenwärtig nicht aus, eine Vorlage zur Einrichtung einer Fachkommission zu erarbeiten. Der Friedrichshainer Baurat Gerd Hannemann gewinnt langsam, aber sicher den Eindruck, »daß sich die Sache mit dem Lenindenkmal noch etwas hinziehen kann«.

Im Rücken Lenins läßt man sich gehen. Die »Baikal«-Gaststätte im Erdgeschoß des dreispitzigen Wolkenkratzers hat seit 28. Dezember 1990 »bis auf weiteres geschlossen«. Die Gummibäume hinter den schmutzigen Scheiben schrumpeln. Im Foyer des 25geschossigen Eingangs Leninplatz Nr. 1 hängt ein Flugblatt. »... und aus dem Chaos sprach eine Stimme zu mir: ›Lächle und sei froh, denn es könnte schlimmer kommen!‹ ... und ich lächelte und war froh und es kam schlimmer.« Jemand hat das »schlimmer« durchgestrichen und ein »viel schlimmer!« daneben gekritzelt.

Zwei gelb ausgekleidete Lifte befördern die Insassen in Stockwerke gerader beziehungsweise ungerader Zahl. Auf der unteren Ebene ungerader Zahl schaut ein älteres Ehepaar aus seinem Wohnzimmerfenster jeden Tag auf Lenin. Von hier können sie ihm gerade so aufs Haupt blicken. Von hinten. »Wir haben«, sagen die beiden, und sind im Begriff, die Wohnungstür jederzeit schnell zuzuwerfen, »keine Lust zu reden.« Es bringe doch nichts. Und dann reden sie. Von den guten alten Zeiten, als man sich noch kannte im Haus, als man noch gemeinsam etwas unternommen habe, jetzt schließe sich ja jeder hinter seiner Tür ein. Sie erzählen von zwei Polizisten, die früher immer das Denkmal bewacht haben, jetzt dagegen traue man sich abends nicht mehr vor die Tür, von Jungpionieren, der Ohnmacht, von der Miete, die jetzt 630 Mark für drei Zimmer betrage und kaum noch zu bezahlen sei, von Gott und der Welt. Und von Lenin. »Wir haben kein besonderes Verhältnis zu dem Denkmal«, betont die alte Dame noch, bevor sie die Tür schließt. »Schon gar nicht, seit das Mutterland des Sozialismus zerbrochen ist.«

»So war das eben«, sagt die Frau aus einem der geraden Stockwerke, oberer Teil, »die Kunst sollte den Menschen erziehen. Aber das kann die Kunst nicht.« Auch sie hat bemerkt, daß die Leute aus dem Haus sich zurückziehen. »Jeder hat seine Sorgen. Viele müssen ausziehen, weil sie die Miete nicht bezahlen können.« Ja, anfangs habe es Widerstand gegeben, gegen den drohenden Abriß des Denkmals. Jetzt nicht mehr. »Was soll'n wir denn machen?«, fragt die Frau. »Runtergehen und schreien: Wir wollen unseren Lenin behalten?«

Der Alte im Foyer wettert, daß niemand mehr Mut habe, sich gegen die Bürokraten zu wehren. Dann verschwindet er im Fahrstuhl. Ganz schnell.

Es ist ein Geisterhaus. Verwirrte und Einsame suchen nach dem Gemeinsamen, was sie ehemals verband. Sie finden es nicht und schließen sich hinter Türen, die auf künstlich beleuchteten Fluren münden, ein. Türen, die schnell zuschlagen, wenn Fremde sich nähern.

20. September 1991

Inzwischen ist Lenin gefallen. Allerdings trotzte der Weltrevolutionär den Berliner Denkmalstürmern solange wie möglich. Sein Granit erwies sich härter und der Kostenvoranschlag blauäugiger als erwartet. Der Abriß kostete Millionen.

Broiler für die Kurden
Ein sächsischer Herbergsvater und seine Probleme mit dem Kroatischen

Im Hintergrund habe er noch das Scheibenklirren gehört. Es war so gegen sieben Uhr abends, als Martin Klingstedt, Mitarbeiter der Ausländerbehörde Pirna, am 23. September den Anruf aus Hoyerswerda bekam. »Wieviel könnt Ihr bei euch aufnehmen?« fragte die Stimme aus Hoyerswerda. »Hundert etwa«, antwortete Martin Klingstedt aus Pirna wahrheitsgemäß. Und hatte die Sache am Bein.

Eine halbe Stunde später klingelte das Telefon bei Herbert Gruner. Gruner, seit ein paar Jahren Hausmeister einer heruntergekommenen Wanderherberge am Stadtrand von Pirna, hatte eben sein erstes Bier runtergespült. Klingstedt war am Apparat. Der fragte jetzt schon nicht mehr. »Ihr kriegt heute abend 50 Mann«, schrie er in die Muschel. Gruner fuhr in die altersschwache Villa am Elbufer und bezog 50 Betten.

Inzwischen begab sich Klingstedt nach Radeberg, um die Busse abzufangen. Drei große Ikarusbusse und etwa 15 PKW mit Asylbewerbern befanden sich auf der Flucht von Hoyerswerda nach Pirna.

Als die Bustüren aufgingen, bemerkte man recht schnell, daß aus den angekündigten 100 Asylbewerbern 150 geworden waren, so daß in Gruners Wanderherberge, in der 55 Betten stehen, 80 frierende und verängstigte Flüchtlinge absteigen mußten. »Wir haben nicht mehr durchgesehen. Sie haben überall geschlafen, auf den Gängen und im Waschraum. Ich konnte nur noch Decken austeilen«, erinnert sich Gruner.

Inzwischen hat er wieder etwas Luft in der Villa. Eine kurdische Familie und drei jugoslawische, insgesamt 26 Menschen sind noch da. »Der Rest«, erzählt Gruner, »ist abgehauen.« Erträglich sind die Bedingungen deswegen noch lange nicht. Ein Bad und nur drei beheizbare Räume, eigentlich sollte jetzt rekonstruiert werden. Heute, fünf Tage nachdem die Flüchtlinge angekommen sind, kann man sich wenigstens das erste Mal verständigen. Zufällig arbeitet eine Bulgarin in Pirna, die ein wenig türkisch und auch ein bißchen kroatisch spricht. Über sie bricht sich der Frust der Woche Bahn. Von beiden Seiten.

Während die Köchin auf ihre Chance wartet, diktiert der kurdische Familienvater seinen Speiseplan. »Geflügel, Spaghetti, Gemüse, wir essen ja wirklich fast alles. Nur kein Schweinefleisch!« fleht der junge Mann. Seine Nahrungsmittel röchen nach Schwein, weil er sich einen Kühlschrank mit der jugoslawischen Familie teilen müsse. »Das kann nicht sein«, ruft die Köchin, »mir ham nur Hammel und Rind da.« Der staatliche Vertreter Klingstedt, bislang etwas verschüchtert lächelnd, setzt eine feierliche Miene auf. »Sie hören also, es kann nicht sein, aber natürlich erfüllen wir Ihnen jeden Wunsch.« Dann flüstert er mir ins Ohr: »Für unsere Herren Asylbewerber tun wir doch alles.« Marika Selmanovic bestellt gefüllte Paprikaschoten für ihre Familie und bittet, das Frühstück getrennt zu servieren, damit die Spätaufsteher auch noch etwas zu essen bekommen. Die Köchin streicht derweil dem kleinen Igor Selmanovic über die schwarzen Locken. Dann ist sie dran. »Alles klar.

Broiler für die Kurden, Paprikaschoten für die Jugos. Und sagen Sie ihnen, daß sie ihren Müll nicht hinters Haus schmeißen sollen. Da sieht's aus wie Sau. Ach ja. Die Nachbarin hat sich beschwert, daß bei ihr Pflaumen geklaut wurden.« Teilnahmslos registrieren die schwarzen Augen die Köchinnenschelte aus dem Mund der Dolmetscherin. Das macht ihnen nun auch nichts mehr. Nach Hoyerswerda.

Sie vermissen es. »Wir hatten dort eine richtige Wohnung, mit Zentralheizung, Küche und Bad. Meine Tochter ist in Hoyerswerda geboren«, berichtet der Zagreber Tischler Sefki Aslanoski und drückt sich ein kleines Bündel namens Gelata an den Leib. »Und unser Fernseher steht auch noch da.« Außer dem schönen Blick auf die Elbe müssen sie in ihrem neuen Quartier auf nahezu alles verzichten. Sie schlafen in einem Zehn-Bett-Zimmer, das Bad ist kalt, eng, schimmlig und dauernd belegt, statt Essengeld wie in Hoyerswerda bekommen sie ihre Mahlzeiten aus der Großküche. Die regionalen Skinheads haben sie längst ausfindig gemacht. »Gestern nachmittag standen zwei junge, maskierte Männer am Gartenzaun und haben unsere Kinder mit Pistolen bedroht«, erzählt Sefki Aslanoski. Und drückt Gelata noch etwas fester an seine Strickjacke.

»Er hat gesagt, er hätte fast brechen müssen«, übersetzt die Bulgarin stockend, und es ist zu ahnen, daß der junge Jugoslawe mit dem zornigen Blick wohl eher »kotzen« gesagt hat. Weil die Bedingungen in der alten Wanderherberge so schlecht sind, hatte man der jugoslawischen Familie vorübergehend Plätze in einem ehemaligen Arbeiterwohnheim im Pirnaer Stadtzentrum angeboten. Und der junge Jugoslawe, den man zur Besichtigung der Baracke abgestellt hatte, ist eben zurückgekehrt. »Nun ja«, versucht Herbert Gruner zu beschwichtigen, »da wohnen Araber, die kochen viel mit Öl. Das riecht dann ein wenig. Dann bleiben Sie eben hier bei uns.«

Gruner ist eigentlich Maurer. Weil's mit dem Rücken Probleme gab, wechselte er vor ein paar Jahren ins Herbergsfach. Vor ein paar Monaten wurde das ehemalige Wanderdomizil (»Für eine richtige Jugendherberge sind die Bedingungen zu schlecht.«) zum Asylantenheim gemacht. Seitdem bemerkt Herbert Gruner immer mehr, »daß ich eigentlich eine Ausbildung brauche, um das hier zu machen«. Inzwischen weiß er wohl, daß die Kurden kein Schweinefleisch essen und die Inder kein Rind. Ansonsten spricht Gruner sächsisch. »Das mit der Dolmetscherin heute war der absolute Zufall. Sonst kann ich nur mal ›oi, oi, oi‹ zu den Kindern machen und hoffen, daß alles gutgeht.

Gruner bekommt für seinen full-time-job 1400 Mark »mit Kindergeld«. Während man sich in Bonn gegenseitig versichert, wie verabscheuungswürdig Ausländerhaß ist, muß er die Skins vom Zaun verscheuchen, die keifenden Nachbarn beruhigen, heizen, das richtige Essen bestellen, freundlich sein und neben vielen anderen Sachen auch »Krankenbehandlungsscheine für Asylbewerber« ausfüllen, wenn es nötig ist. Es ist nötig. Die vier Monate alte Gelata hat Schnupfen. Vermutlich jedenfalls, weil ihr Vater uns schniefend begreiflich machen will, was ihr fehlt, und die Dolmetscherin längst wieder weg ist. Mit ungelenken Buchstaben füllt Gruner die Felder im Krankenschein. Es ist nicht auszudenken, was passiert, wenn jemandem mal etwas Ernsteres fehlt. Wie imitiert man beispielsweise eine Lungenentzündung?

Gruners 16jähriger Sohn, der jetzt zwei Wochen Praktikum hat, hilft ihm ein bißchen. »Der will zwar

Tischler werden, aber ich denke, daß es ihm nichts schadet, hier ein bißchen mit den Ausländern zusammenzuleben.« Sven spielt draußen mit Igor Fußball. »Man weiß ja nicht, was aus den Kindern wird«, sagt Herbert Gruner leise, »aber es soll ja auch später ein bißchen friedlich zugehen auf der Welt. Wenn wir nicht mehr da sind.« Nicht jeder, der einen Roma Zigeuner nennt, ist ein Ausländerhasser.

Klingstedt von der Ausländerbehörde beispielsweise sagt Zigeuner. Er hat den Job bekommen, weil er vor Jahren mal auf Montage in Algerien war und ein bißchen französisch spricht. Seine Kommunikationsmöglichkeiten in slawischer Sprache beschränken sich auf »Dobsche, Dobsche«. Weil alles gut werden soll, ist er auch zwölf Stunden am Tag unterwegs.

Deswegen, und weil er der verfluchten Presse mal zeigen will, daß die Sachsen nicht alle so dummdröge-nationalistisch sind wie die Steinschmeißer aus Hoyerswerda. Er karrt mit mir alle Asylantenheime im Landkreis Pirna ab, im Arbeiterwohnheim muß ich auf einer Liege probesitzen, in einem ehemaligen Ferienheim mitten in der Sächsischen Schweiz vom Essen kosten, überall bringt er Tüten mit Medikamenten vorbei, und im Auto erzählt er Anekdoten von Vietnamesen, die sächsische Katzen klauen und braten. Und wiehert wie ein Pferd.

Im Heim, das mitten in den Wäldern liegt, ist heute nacht ein Bus mit 23 Asylbewerbern aus Stuttgart eingetroffen. 23 überschüssige Ausländer, die der Quotenregelung (»Wir in Sachsen müssen 466 nehmen.«) entsprechend nach Sachsen geschickt werden. Jeder hat seine Geschichte, jeder will weg hier. Eine junge Russin hat Angst vorm KGB in ihrer Heimstadt in Woronesh und eine Arbeit in einem Stuttgarter Hotel, ein Bulgare hat Verwandte in einem kleinen schwäbischen Dorf, ein Ägypter zählt die Stationen auf, die er in seinem einen Monat Deutschland hinter sich gebracht hat: »Chemnitz, Stuttgart, Karlsruhe, Mannheim, Chemnitz.« Sie reden alle hektisch durcheinander, weil sie denken, wir können ihnen helfen. Niemand hier an dem Tisch kann helfen. Die meisten kann man nicht einmal verstehen. Die junge Russin erzählt noch, daß sie Angst habe, hier als einzige Frau zwischen den Männern mitten im Wald zu leben und blickt erklärend in die Gesichter der jungen Männer aus Zaire am Tisch. Martin Klingstedt fühlt sich als staatlicher Repräsentant bemüßigt zu beruhigen: »Wissen Sie, die schwarzafrikanischen Männer sind teilweise viel freundlicher als, sagen wir mal, die rumänischen Bürger.«

»Wir geben uns ja alle Mühe«, erklärt der Heimleiter Knut Berthold. »Aber länger als eine Woche halten es die meisten hier nicht aus. Sie wollen nach Westen. Da gibt's eine ausgebaute Infrastruktur im Sozialwesen und vor allem die Möglichkeit zur Schwarzarbeit. Hier im Osten machen doch auch die Deutschen jede Drecksarbeit.«

Dann geht er an die Tafel, die in der Küche hängt, wischt die 4 weg, die vor Vietnamesen steht, und schreibt eine 1 hin. Drei Abgänge hatten sie in der letzten Nacht. Das muß im Speiseplan berücksichtigt werden. »1 Vietnamesen« steht jetzt da.

1. Oktober 1991

»Serviert denen um Himmels willen keinen Lachs!«

Wenn die bunte und die graue Welt heftig aufeinanderprallen und trotzdem alle glücklich sind

»Jetzt erzähl mal, was dir gefallen hat da drüben, Elisabeth?«
  »Na ja.«
  »Elisabeth!«
  »Ach, Mutti.«
  »Und die Leute drüben, na?«
  »Ja die waren schon nett.«
  »Siehst du.«

Reichen Mannes Wetter. Die Nadelhölzer recken ihre edlen Häupter in den bavaria-blauen Morgenhimmel. Hinter der Hecke blinkt der Pool. Mercedes der S-Klasse und 7er BMW drücken ihre fetten Ärsche in die Morgensonne, Jaguars ducken sich zum Sprung. Die kühle, klare Luft kündigt einen Altweibersommertag an. Die Hausfrau setzt noch mal die Sonnenbrille auf, bevor sie in ihrem Einkauf-Spider im Grünwald-City-Limit zum Brötchenholen summt. Vornehm knirschen die Breitreifen über den Kies der Einfahrt. Es ist Sonnabendmorgen in Grünwald. Die Reichen rüsten zum Tag.

Grünwald ist nicht Beverly Hills. Nicht ganz. Es ist ein Städtchen an der Grenze Münchens, in das nach dem Krieg die Geldverdiener drängten. Nicht die vornehmen alten Zausel, nicht der Adel, die aktiven Geldproduzenten bauten hier. Hinter hohen Hecken hocken die Industriebosse, Ölscheiche, Japaner, Oberärzte, Rechtsanwälte, Anlageberater, Exilkongolesen und Prominente. Senta Berger und Franz Beckenbauer wohnen in Grünwald. Sie alle machten den Ort nach und nach zum teuersten Eigenheimflecken Deutschlands. 2000 Mark muß man für einen Quadratmeter Grünwald anlegen. Das Hauptstadtgetobe im fernen Berlin stört keineswegs. In freie Zwischenräume drängen pausenlos Neuzugänge des Geldadels. Geschmacklose Bauherren zwingen ohnmächtige Architekten, ihnen Säulen vors Haus zu setzen (das palaismäßige ist augenblicklich en vogue). Auf einem weitläufigen Grundstück baut ein abgedrehter Münchner Galerist seit vier Jahren an einer Art Schlumpfenschloß, mit mehreren Schlappmützendächern und zehn offenen Kaminen. Grünwald ist reich, verrückt und cholerisch. Seit etwa anderthalb Jahren ist es auch Vorbild. Für Neuenhagen. Neuenhagen liegt bei Berlin.

Am 9. November 1989 saß Klaus Scepanik wie allabendlich vor der Multivisionswand seines Arbeitszimmers in Grünwald. Auf allen Bildschirmen fielen sich freudentrunkene Menschen in die Arme. Die Mauer war gefallen. Am nächsten Morgen flog Scepanik nach Berlin, um sich ein wenig Geschichte vor Ort reinzuziehen. Als er wieder in München landete, war ihm klar, daß er etwas tun muß. Bei Scepanik bleiben solche Entschlüsse selten ohne Folge. Bei einem ausgedehnten Bahamasurlaub beispielsweise, er hatte eben eine 200köpfige Kinokette abgestoßen, war dem Multimillionär bei einem Longdrink der Titel WOM eingefallen. Mit ihm und einer einleuchtenden Strategie war er seinerzeit über den angeblich übersatten Markt hergefallen und hatte ihn in der Folge erobert. Scepanik ist Gründer der Ladenkette World of Music, WOM eben. Diesmal sollte es also der Osten sein.

Scepanik begeisterte ein paar Grünwalder Freunde von seiner Idee. Man wollte helfen, aber konkret. Es sollte eine Gemeinde sein, sie sollte Grünwald ähneln, etwa ebensoviel Einwohner haben und am Rand einer Großstadt liegen. Irgendwann fiel der Name Neuenhagen. Das paßte. Von diesem Augenblick an war es nur noch eine Frage der Zeit, wann und mit welcher Intensität die bunte und die graue Welt miteinander kollidieren würden.

Frau von Fuchs wäre gern mitgekommen nach Neuenhagen. Aber sie muß, aus welchen Gründen auch immer, in jedem Fall leider, in Grünwald bleiben. Immerhin ist sie zum Bus gekommen, der am vorigen Sonnabendvormittag nach Neuenhagen abfuhr. Der offizielle Gegenbesuch der Grünwalder Bürgerinitiative für Neuenhagen bei ihren Patenkindern des Freundeskreises Neuenhagen-Grünwald. Ein kleines Oktoberfest hatte man gemeinsam am Stadtrand von Berlin organisiert. Frau von Fuchs konnte nicht. »Wir waren gestern zu einer Ausstellungseröffnung in Houston/Texas«, unterhält sie die Abreisenden. »Eine Hitze sage ich Ihnen. Aber die Bilder, so moderne Sachen, echt witzig. Schade, daß ich nicht mitkommen kann.« Auch zwei andere Damen bedauern. Sie hüsteln erklärend. Infekt, was soll man machen. Einem anderen Vereinsmitglied ist der Ehemann über Nacht krank geworden, eine alte Rückengeschichte. Auch bei den Kindern, die mitfahren sollten, gibt es ein paar Abgänge. Schule und Segeln. In dem großen Reisebus verlieren sich zwei Dutzend Grünwalder. Langsam rollen wir aus der Idylle. Die Kranken winken mitfühlend vom Bürgersteig.

»Natürlich hat der Enthusiasmus ein wenig nachgelassen«, erklärt Eberhart Zangemeister,

Direktor für Zentrales Marketing bei Siemens. »Das Oktoberfest soll noch mal einen Höhepunkt der Zusammenarbeit darstellen.« 300 000 Mark hat die Grünwalder Bürgerinitiative für ihre Patengemeinde zusammengetragen. Damit wurden das Neuenhagener Altenheim rekonstruiert und drei Apartments für Krankenschwestern ausgebaut. Röntgenapparate, Kleidung und Krankenhausbetten schickte man in den Osten Berlins, Neuenhagener Verwaltungspersonal wurde im Grünwalder Rathaus geschult. Die Grünwalder haben Zeit und Geld investiert und, wie sie es vorhatten, wirklich konkrete Hilfe geleistet. Die Probleme lagen woanders.

Sie taten sich etwa zu dem Zeitpunkt auf, als im März die erste Delegation aus Neuenhagen in Grünwald anreiste. »Also wissen Sie, die Ausdrucksweise. Keine Spur von Redegewandtheit. Ich habe die ganze Zeit verkrampft darauf geachtet, nicht ins Fettnäpfchen zu treten«, erinnert sich Frau Zangemeister an die stockenden Konversationsversuche mit dem Ostbesuch. Nun hatte man sich auch noch entschlossen, die Neuenhagener Gäste allesamt in den eigenen Häusern unterzubringen. »Wir hatten vorher überlegt, ob wir vielleicht die Innengestaltung etwas verändern, damit sie nicht gar so geschockt sind«, berichtet die Gattin des Siemens-Direktors. Doch dann verzichtete man lediglich auf den teuersten Schmuck am Hals, den Lachs zum Abendessen und gab dem Dienstpersonal ein paar Tage frei.

Über soviel Ängstlichkeit kann Frau Jänsch nur müde lächeln. »Natürlich dürfen Sie die nicht fragen, wo sie Urlaub gemacht haben«, erklärt die Endvierzigerin, die die Frage nach ihrem Beruf mit einem »mein Mann ist Oberarzt« beantwortet. »Und Sie müssen auf die Garderobe achten.« Frau

Jänsch hat sich heute für einen langen Knuddelpullover und weiße Leggins mit schwarzen Punkten entschieden. »Was ich allerdings immer noch nicht auf die Reihe kriege, ist, daß die so stinkendfaul sind. Und zwar alle.« Wie auf Stichwort holpern wir durch die Schlaglöcher der ostdeutschen Autobahn. Frau Jänsch hat sich eine Piccoloflasche Sekt aus der Kühlbox gefingert. Der Busfahrer erklärt, daß da hinten links Bitterfeld zu sehen ist. Die mitgereisten Kids quittieren das mit Buhrufen. Sie wollen keine Erklärungen, sie wollen ihre Kassetten hören. Der Fahrer hat ein Einsehen. Es gibt R.E.M. »Losing my religion«.

Mit der Dunkelheit kommt die Nervosität. Wir müssen gleich in Neuenhagen sein. Sie wissen, daß sie empfangen werden. Sie wissen, daß sie reden müssen mit den Leuten. Herr Zangemeister rutscht nervös auf seinem Stuhl herum, seine Gattin probiert schon mal ein Lächeln, Frau Jänsch scheint einen kleinen Schwips zu haben. Neuenhagen ist noch holpriger als die Autobahn. Verzweifelt kämpfen die schwachen Straßenlaternen um ein wenig Freundlichkeit. Da stehen sie. Aufgereiht zum Empfang vorm Bürgerhaus, das vor kurzem noch Kulturhaus hieß. Bundjacken für die Lockerheit, Krawatten für die Würde. Herr Zangemeister hat sich für Jeans und T-Shirt entschieden. Auch sonst trägt niemand im Bus eine Krawatte. Wie man's macht, ist's verkehrt.

Irgendwann ist der Vorrat an »Na, hallo! – Wie geht's denn? – So was, nein! – Schön, Sie zu sehen. – Gute Fahrt gehabt? – Ja!« aufgebraucht. Herr Zangemeister stürmt an die Theke des Bürgerhauses und ordert ein Sturzbier. Locker werden. Irgendein unbekannter Mann stellt sich als sein Quartiergeber vor. Herrn Zangemeisters verbindlich-dankbares Lachen ist eingefroren. Er läßt das zweite Bier kommen und hält nach bekannten Gesichtern aus der Heimat Ausschau. Er ist ein netter, kluger Mann, der helfen will. Er will auch reden und die Leute kennenlernen, aber er kann nicht. Er weiß nicht, wie. Er ist einfach nur ein Spitzenmanager von Siemens, der mit Jeans, T-Shirt und einem Bierglas versucht, in der Kneipe einer märkischen Kleinstadt Fuß zu fassen. Er tut mir leid.

Hartmut Albrecht, Vorsitzender des Oktoberfest-Komitees aus Neuenhagen, versucht, für den Abend ein Treffen beider Vereine klarzumachen. »Ich würde mich gern über die Zukunft der Vereine verständigen.« Keine Chance. Die Grünwalder Kinder stochern lustlos in ihrer Pizza herum, ihre Eltern denken an Montag. Ortwin Schubert, örtlicher Dezernent für Kultur, bestellt die Karte rauf und runter, nachdem klar ist, daß die Grünwalder das Eröffnungsessen übernehmen. Während sich der Blick des Dezernenten langsam trübt, leert sich das Bürgerhaus von den bayerischen Gästen.

Das Oktoberfest am nächsten Tag wurde ein voller Erfolg. Das Zelt, das die Münchner mitgebracht hatten, war ständig voll. Das Hofbräu reichte gerade so. Zum Schluß wurde sogar auf den Tischen getanzt. Kulturdezernent Schubert mußte abtransportiert werden, Festkomiteeleiter Albrecht war »überwältigt«. Und der Grünwalder Bürgermeister, der für das Fest zwei Tage früher von seinem Toskana-Urlaub abgeflogen war, wankte mit den Worten: »Ich habe nicht für möglich gehalten, daß die Preußen genauso feiern können wie die Bayern!« kurz vor Mitternacht aus dem Bierzelt. Am Sonntagmorgen saßen die Grünwalder pünktlich im Bus.

Neuenhagen ist wieder allein. Ein kleiner Ort mit Häusern, die vorwiegend in den zwanziger und dreißiger Jahren gebaut wurden, prächtigen Alleen und einem Anteil von 30 Prozent befestigter Straße.

Gunda Zabel entschuldigt sich immer wieder mal für den Zustand ihres Hauses. Es ist ein kleiner geduckter Bau, in einem herrlich wuchernden Garten. Hinter dem Haus gibt es zwischen dichten Sträuchern eine urgemütliche Sitzecke. Die alte Holzbank knarrt angenehm, wenn man sich auf ihr niederläßt, an einem knorrigen Ast hängt eine Schaukel. Die beiden Jungs von Frau Zabel toben im Garten. Es ist schön hier. Doch Gunda Zabel hat Grünwald gesehen. Mit seinen gepflegten Hecken, geschorenem Rasen, den Einfahrten, Terrassen und Säulen. Seitdem nagen die Zweifel.

Frau Zabel ist Lehrerin und für den Schüleraustausch verantwortlich. Ihr ist klar, »daß es eine Auszeichnung für unsere Schüler ist, nach Grünwald fahren zu dürfen«. Ich muß an die Oberarztgattin Jänsch denken, die mir anvertraute, daß ihre Kinder sich tödlich langweilen würden in Neuenhagen. »Ich verstehe sie da völlig«, hatte Gattin Jänsch schon im Bus zu verstehen gegeben. »Neuenhagen ist langweilig und die Neuenhagener Kinder sind's auch.«

Gunda Zabel aber kann ihre Begeisterung kaum noch zähmen. »Die Leute waren alle so freundlich und liebenswürdig.« Sie ist nur noch Dank. Dank in ihren Augen, Dank in ihren Worten. Nur über ihre Kinder sorgt sie sich ein wenig. »Als ich gesehen habe, was die Grünwalder Kinder für eine Beharrlichkeit haben, für ein Durchsetzungsvermögen, da sind meine noch ganz schön hinterher. Da müssen sie noch viel aufholen.« Die Lehrerin sitzt in ihrem herrlichen Garten, und ich habe Angst, daß sie jeden Moment zu weinen anfängt.

Die ehemalige Bürgermeisterin von Neuenhagen, Gabriele Diehr, bewundert den WOM-Gründer Scepanik. »Der Mann ist die personifizierte Vitalität und Kreativität. So was habe ich noch nicht gesehen.« Davon profitiert inzwischen auch ihr Mann, den Scepanik kurzerhand als Geschäftsstellenleiter eines Granitvertriebes eingesetzt hat, den er von Neuenhagen aus europaweit aufziehen will. Für Unzulänglichkeiten in ihrem Badezimmer entschuldigt sich Frau Diehr mittlerweile nicht mehr. »Der Herr Scepanik hat gesagt: ›Ihr könnt doch nicht alles auf einmal machen‹.« Der energische, geschäftige Blick in ihren Augen kommt mir bekannt vor.

155mal, so sagt die von den Grünwaldern geführte Statistik, haben Neuenhagener inzwischen im Münchner Nobelvorort übernachtet. Die Ehrfurcht hat den meisten die Knie weich gemacht. »Ich habe meine Leute nicht wiedererkannt«, erinnert sich Sabine Wegner an ihren ersten gemeinsamen Besuch in Grünwald. Sie pflegt angesichts eines Jaguars nicht gleich umzufallen. Als Frau Siemens-Direktor Zangemeister der Neuenhagener OP-Schwester zum Abschied ein Buch mit dem Titel »Wohnen in Weiß« schenken wollte, bekam sie von Sabine Wegner einen Korb. Sie fühle sich recht wohl, so wie sie wohne. »Die Frau Zangemeister hat vor Entrüstung den Mund gar nicht mehr zugekriegt.« Die resolute Krankenschwester sah auch nicht ein, »warum ich mich bis aufs Hemd ausfragen lassen sollte«. Immer dieses Warum. »Warum waren Sie denn in der Partei, Sie sind doch so eine nette Frau. Die Richtung mag ich besonders.« Irgendwann ist ihr der Kragen geplatzt. Sie hat zurückgefragt. »Wie kommen Sie denn mit Ihrem Reichtum klar und den Problemen der Dritten Welt?« Das fand man gar nicht so gut.

Sabine Wegner erzählt, daß sie sich mit dem

Grünwalder Architektenehepaar Brandt angefreundet hat. »Wir liegen auf einer Wellenlänge.« Dennoch kämen auch ihre Gespräche manchmal an Stellen, wo es nicht mehr weitergeht. »Wir reden regelrecht aneinander vorbei. Ich weiß nicht, woran das liegt.«

Christoph Brandt ist gezwungen, die mitunter etwas eigenwilligen Bauwünsche seiner reichen Kunden umzusetzen. Er entwickelte schon deshalb ein etwas kritisches Verhältnis zum Wohlstand. Er hat sein vergleichsweise kleines Haus warm und sparsam möbliert. Von dem derben Holztisch im Wohnzimmer hat man einen prächtigen Blick in den Garten der Brandts. Wir haben vor der Abfahrt nach Neuenhagen dort einen lustigen Abend verbracht. Die beiden sind aufgeschlossen, interessiert und freundlich. Wir wurden uns einig, daß vieles zu schnell gegangen ist, daß in Dresden architektonische Verbrechen begangen worden sind und viele westdeutsche Kleinstädte widerlich charakterlos aussehen. Wir einigten uns darauf, daß ostdeutschen Städten jeglicher Glanz fehlt. Bis Frau Brandt ihre Tochter ins Gespräch zog.

»Erzähl' mal, wie das war in Leipzig«, fordert sie die 13jährige auf. »Na ja«, sagt sie »kannst du echt die Krätze kriegen.« »Wir haben da schon eine Wohlstandsjugend großgezogen«, stöhnt Susanne Brandt. Nicht ärgerlich, eher ein bißchen zufrieden. Von oben hört man den ältesten Sohn Klavier spielen. Chopin.

12. Oktober 1991

Lange Schicht
Es gibt auch im Westen Probleme

So ähnlich muß die Hölle sein, sollte es sie geben. Eng, schwarz, heiß, staubig, laut und Rauchverbot. Dünn tropft das Licht aus kleinen Lampen in die Dunkelheit, Ruß und Staub verstopfen die Nase, die Hitze klebt sich in die Achseln, unaufhörlich poltert und scheppert es in endlosen Rohrleitungen. Vor dir die Kohle, und über dir der Berg. 950 Meter unterm Tageslicht. Niemand blieb länger hier, als er mußte. Bis Mittwoch.

Als Elsbeth Fengels das Telefon wieder in die Gabel legte, lief der Traum ab. Zwangsläufig, trotz aller Beruhigungen. Hans-Dieter fährt heute nicht aus, hatten sie ihr gesagt. Sie solle sich keine Sorgen machen, er sei gesund. Die 31jährige Frau rannte ein wenig planlos in ihrer Wohnung herum. Keine Sorgen machen. Sie sah Holz bersten und Steine poltern, sie hörte das Krachen und Schreien.

Keine Sorgen machen. Pah, die Bergmannsfrau, die sich keine Sorgen macht, wenn ihr Mann im Berg bleibt, möchte sie sehen. Dann schnappte sie sich ihre drei kleinen Töchter, setzte sie in den Kombi und fuhr zum Lohberg. Das war Mittwochnachmittag. Eine halbe Stunde später wußte sie, sie hatten recht gehabt. Es wird alles gut.

Hans-Dieter Fengels hatte sich schon gewundert, warum seine Kumpel so unschlüssig vor dem Personenzug herumstanden, der sie nach der Schicht über Tage bringen sollte. Sie diskutierten offensichtlich. »Möllemann«, konnte er verstehen und »feige Hunde«. Da war ihm eigentlich klar, worum es ging. Auch er hatte den Eindruck, daß die Vertreter seiner Gewerkschaft in den Verhandlungen mit dem Bundeswirtschaftsminister außerordentlich lasch aufgetreten waren. Um nicht zu sagen feige. Als Hans-Dieter Fengels mitbekam, daß sich einige Kumpel entschlossen hatten, deshalb im Berg zu bleiben, bis man ihnen feste soziale Zusagen macht, war er dabei. Letztlich ließen sich 41 Kumpel des Schachts zum Sitzstreik in 950 Meter Tiefe nieder.

»So was hat es hier noch nie gegeben«, schnieft der schwergewichtige Betriebsrat der Zeche Lohberg-Dinslaken, Jürgen Neuenhoft. »Daß mal jemand nicht eingefahren ist, gut, das hatten wir schon. Aber unten geblieben ist noch kein Steinkohlekumpel wegen eines Streiks.«

Die 41 Kumpel haben offenbar nicht nur ihre Frauen überrascht. Weder Gewerkschaft noch Betriebsrat scheinen etwas geahnt zu haben. Die Wut und die Ohnmacht kamen plötzlich. Sie fühlten sich im Stich gelassen, auch und vor allem von ihrer Industriegewerkschaft Bergbau und Energie. In solchen Situationen verläßt man sich besser auf sich allein.

Während Betriebsrat Neuenhoft gigantische Portionen Schnupftabak in seinen beeindruckenden Nasenlöchern verschwinden läßt, checken die Fernsehleute im Foyer der Zeche ihr Equipment durch. Kommen sie raus, oder kommen sie nicht? Vor allem: Dürfen wir am Schacht filmen? Immerhin hatte sich am Donnerstagnachmittag der geschäftsführende Vorstandschef der IGBE, Manfred Kopke, zu den widerborstigen Kumpel in den Berg hinuntergebegen, um sie zum Aufstieg zu überreden. Kopke, der hier vom Niederrhein kommt, den sie alle kennen und dem sie darum am allermeisten übelnehmen, daß er dem Möllemann nicht richtig an die Wäsche gegangen ist.

»Wie ich meinen Dieter kenne«, stöhnt Elsbeth Fengels, »bleibt er unten. So stur wie der ist.« Wie einige andere Ehefrauen ist sie dennoch hergekommen, um ihre streikenden Ehemänner gegebenenfalls zu begrüßen. Ihre Kinder toben derweil zwischen den Palmen im gerade fertiggestellten Foyer, einem hellen, sauberen Lichthof, herum.

Betriebsrat Neuenhoft weiß nicht so richtig. Er saugt erst einmal einen weiteren Tabakberg vom Handrücken und wartet. »Die Situation hier ist wirklich ziemlich schwierig«, erklärt er besorgt. »Wenn Möllemann seine Kohlepolitik durchsetzen kann, müssen von den 100 000 Ruhrkohlekumpel 10 000 ihre Sachen packen. Man weiß nicht, ob der Krug an unserer Zeche vorbeigeht. Ich kann die Jungs da unten voll verstehen.« Wirtschaftsminister Jürgen Möllemann will die deutsche Steinkohlenproduktion von derzeit 70 Millionen Tonnen jährlich auf 50 Millionen drosseln. Das würde bedeuten, rechnet der Betriebsrat vor, daß zwei Schachtanlagen und eine Kokerei dichtmachen müssen. Wobei an jedem Arbeitsplatz im Bergbau noch 1,7 Arbeitsplätze in der Zulieferindustrie hingen. »Das ist ja ein Rattenschwanz«, schnauft Neuenhoft. Das Radio weckt die andere Seele in seiner Brust. Im Sophia-Jacoba-Schacht im entfernten Hückelhoven, schnarrt eine Stimme, weigern sich an die 200 Kumpel auszufahren.

Die Solidarität unter den Bergleuten ist nicht zu unterschätzen. Der Funke springt, ein Flächenbrand droht. »Wir müssen natürlich verhindern«, meldet sich die andere Betriebsratseele, »daß sich unsere gesamten 4 000 Belegschaftsmitglieder da unten im Berg versammeln.«

Dazu kommt es vorerst nicht. IG-Vorstand Kopke hat die Kumpel geknackt. Sie steigen auf. Die Reporter treten ihren Tonassistenten in die Seite, Minen schrauben sich aus dem Kugelschreiber, Blitzlichtbajonette werden aufgesteckt. Es kann losgehen. Vorbei an Tausenden Schließfächern, in denen die Kumpel ihre Habseligkeiten verstauen, bevor sie in den Berg steigen, an Spinden und Batterien von Grubenlampen, über kohlestaubige Böden und enge Eisentreppen zieht der Troß zum Schacht. Die Kumpel kommen.

Eine Horde dreckiger übermüdeter Männer schiebt sich aus dem Seilschacht. Doch ihre Augen leuchten aus den verrußten Gesichtern. Es ist ihre Show. Sie genießen den Applaus und die Hochrufe. Sie sind für einen Augenblick keine Bergmänner, sie sind Helden, Rockstars, Tenöre, Torschützen. Sie haben die Aufmerksamkeit bekommen, die sie gewollt haben. Sie lassen sich ein, zwei Minuten feiern, nach den 36 Stunden im Berg. Die einzige Muße, die sie sich gönnen. Dann suchen sie im Blitzlichtgewitter nach den Gesichtern ihrer Frauen und Kinder. Schwarze Lippen drücken sich auf rote. Wer jetzt keine Gänsehaut bekommt, ist ein kalter Hund.

Ein vergleichsweise sauberer Mann mit Helm positioniert sich vor den laufenden Kameras und ruft aus: »Ich bin stolz auf diese Männer. Sie haben bewiesen, daß die Bundesregierung keine Kohlepolitik ohne Kumpel machen kann.« Es ist Manfred Kopke, geschäftsführender Vorstand der IG Bergbau und Energie.

»Ich habe den Jungs versprochen, daß mit der Gewerkschaft kein einziger Kumpel auf die Straße gesetzt wird. Deshalb sind sie wieder hochgekommen«, erklärt mir Kopke am späten Donnerstagabend. Er hat wieder eine Krawatte um, die goldgerandete Brille ist geputzt. Kopke lächelt entspannt. »Sie haben mir ganz schön zugesetzt da unten. Sie haben wohl gedacht, die Gewerkschaft arbeitet gegen die Interessen ihrer Mitglieder. Doch das ist nicht so. Wie sie darauf gekommen sind, weiß ich auch nicht.« Kopke ist ein wenig in Eile. Er muß heute nacht noch zu einer eilig zusammengerufenen Vorstandssitzung nach Bochum. Draußen wartet sein Fahrer. Auf dem Dienst-BMW prangt ein gelber Aufkleber. »Kohle ist unsere Zukunft.«

Es ist vorbei. Der Regen wäscht den Kohlestaub von den Dächern Dinslakens. Die kleine glatte Straße, die sich durch den Stadtteil Lohberg windet, glänzt matt im Licht der Laternen. Morgen früh ist wieder Schicht.

Dinslaken ist Kohle und nichts weiter. Das wissen hier alle. Es gibt ein paar Bäcker und Supermärkte, sonst hängt alles an der Kohle. Die Väter schicken ihre Söhne in die Zechen, in denen sie schon gelernt haben. Die Frauen fürchten sich seit Jahrzehnten vor dem überraschenden Klingeln des Telefons, der Kredit der kleinen Häuser ist auf Steinkohle gebaut. Und ein Bergmann, der entlassen wird, bleibt arbeitslos. Er hat ja nichts anderes gelernt, als die Kohle aus dem Berg zu schlagen.

Der Regen spült die letzten 36 Stunden weg. Die Kumpel liegen in den Armen ihrer Frauen. Nur eine Handvoll sitzt noch im Casino und redet über den Tag. »Hoffentlich hat der Kopke sich heute nicht die Finger verbrannt«, raunt Herbert Langhoff und wischt sich den Bierschaum von den Lippen. »Dann werden sie ihm nämlich abgehackt.« Das Lachen der Männer am Tisch klingt bitter. Ein bißchen bereuen sie, schon jetzt hochgekommen zu sein. »Sie hätten die Gewerkschafter mal sehen sollen, wie die mit dem Möllemann und den Leuten von der Ruhrkohle AG zusammengehockt haben. Wie die besten Freunde«, erzählt Manfred Willrodt. »Als ich das herzliche Händeschütteln im Fernsehen gesehen habe, bin ich ausgerastet.«

Sie glauben ihrem IG-Vorstand nur bedingt. Immerhin haben sie ihm ein Lippenbekenntnis abgetrotzt, das er erst mal beweisen muß, wenn's am 4. November in die nächste Verhandlungsrunde geht. »Wenn da nichts Konkretes für uns rausspringt, sind wir sofort wieder unten«, erklärt Herbert Langhoff und reibt sich die roten Augen.

»Glück auf, meine Herren!« Es ist zehn Uhr abends im Ruhrgebiet. Die letzten Kumpel gehen schlafen. Der Wirt des Casinos spült die Fischreste aus den »Schweineberger«-Gläsern (eine Mischung aus einer Sardelle und einem Stonsdorfer – d e r Bergmannsdrink in Lohberg). Auch er ist müde. Den ganzen Abend hat er sich die Geschichten der Kumpel angehört. In den 36 Stunden davor hat er mitgefiebert. Ihre Forderungen sind auch seine. »Wenn der Pütt zumacht«, erzählt der Wirt, »dann sterben wir hier alle.«

Der Regen hat nachgelassen. Der Förderturm der Zeche bewacht den Lohberg. Ein grünes Ungeheuer, gespenstisch beleuchtet. Dinslaken schläft. Halb zwölf im Kohlenpott. Morgen fahren sie wieder ein.

19. Oktober 1991

Keine Popelstraße, kein Las Vegas
Die geschichtsbeladene Berliner Karl-Marx-Allee soll leben und flimmern

So ganz recht ist Frau Schmidt das nicht. Vor allem das Schlafzimmer muß ja nun nicht sein, nicht wahr. Doch ihr Gemahl ist nicht aufzuhalten. »Hier und hier und hier«, schnauft er und reißt eine Tür nach der anderen auf. Schöne, große und helle Zimmer gilt es zu bewundern, die Diele, in der noch ein Eßtisch bequem Platz findet, auch Fenster in Küche und Bad. 110 Quadratmeter werden besichtigt, Möbel aus einem langen Leben und schließlich der langgezogene Balkon, von dem aus man über 35jährige bunte Baumwipfel hinweg rübergucken kann zur Weberwiese, einem kleinen Park im Bezirk Friedrichshain. Es läßt sich wohnen bei den Schmidts. In der Karl-Marx-Allee.

So war das auch gedacht damals. Paläste für die Arbeiter wollte man bauen. Die Architekten waren vom Feinsten, und sie brauchten nicht zu sparen. Marmor in die Foyers und Fenster in die Bäder. Zentralheizungen und Aufzüge. Breite Gehwege, breite Grünflächen, breite Straßen. Und dem bauhäuselnden Klassenfeind im Westen flugs ein paar pompöse Türme vor die Nase gesetzt.

Erst ein paar Jahre später setzte Chruschtschow auf Staatsbesuch dem Luxus ein Ende. Doch da waren die ersten 6000 Mieter längst in ihre lichten Wohnungen eingezogen. Es waren bemerkenswerterweise wirklich vor allem Arbeiter. Die meisten von ihnen hatten mitgeholfen, den zerbombten Friedrichshain zu enttrümmern. Wie die Schmidts.

Seit fast 40 Jahren wohnt das Rentnerehepaar nun schon hier. Damals hieß ihre Straße noch Stalinallee. Auch sonst hat sich einiges getan. Im Juni 1953 haben die beiden zugesehen, wie zornige Arbeiter auf der Straße gegen ihre Regierung protestierten, später haben sie registriert, daß plötzlich das Stalindenkmal weg war, sie haben die Arbeiterfahne aufgezogen, wenn es den 1. Mai gab, und die Fensterläden ganz fest geschlossen, wenn die Panzer an den Vorabenden der Republikgeburtstage kettenrasselnd die Parade probten. Sie haben oben unterm Dach einen Klubraum eingerichtet, die Fensterrahmen eigeninitiativ angestrichen und schließlich die »Goldene Hausnummer« erkämpft. Sie haben 92 Mark Miete im Monat für ihre geräumige 3-Zimmer-Wohnung bezahlt, inklusive Heizung. Und irgendwann haben sie beschlossen, hier zu wohnen, bis sie sterben.

Bis der neue Mietbescheid kam. Da hat der Joseph Schmidt seine alten vergilbten Aufbaumarken zurechtgelegt, um gegebenenfalls nachweisen zu können, daß er hier rechtens wohnt. Doch er weiß inzwischen, daß das nicht die Frage ist. Seitdem studiert Joseph Schmidt die Wohnungstauschanzeigen ganz gezielt. »740 Mark Miete«, erzählt er, »könnten wir uns noch leisten. Doch dabei bleibt's ja nicht. Jetzt, wo wir der Ku'damm des Ostens werden sollen.« Das jedenfalls sagt man im Haus. Und man weiß ja, wie hoch die Mieten am Ku'damm sind.

Die Mieten sind nicht mehr gestiegen als woanders. Und eine Explosion ist nicht in Sicht. »Das Problem liegt in der besonderen Kombination von Sozialstruktur und Neubau«, erklärt Herr Kujath von der zuständigen Wohnungsbaugesellschaft

Friedrichshain. »Deshalb scheinen die Belastungen für die Bewohner hier besonders hoch zu sein.« Deshalb auch rechnet man mit ein paar »Umsetzwünschen« mehr. »Quantifizierbar ist das aber nicht«, meint Kujath.

Und über Ku'damm des Ostens kann er nur lachen. »Die Karl-Marx-Allee ist eine Magistrale und keine Shopping-Meile. Und im Augenblick ist sie eine sechsspurige Autorennbahn«, sagt der Wohnungsbaugesellschafter. Ist sie zwar, soll sie aber nicht bleiben. Denn die gesamte Straße wurde zum Denkmal erklärt, soll originalgetreu wiederhergestellt werden. »Schließlich«, sieht auch Kujath, »ist das ja nicht irgend so eine Popelstraße.«

Augenblicklich sieht sie aber genau so aus. Die Zeit riß quadratmetergroße Lücken in die gekachelten Fassaden, Gehwegplatten verrotten, die Großrestaurants sterben, viele der über 100 Geschäfte sind bereits tot. »Der Musikfreund« bietet DDR-Musikliteratur zum halben Preis und AMIGA-Weihnachtsplatten für sechs Mark an. Auf den Bänken sitzen alte Menschen und starren in den stinkenden Verkehr, der sich langsam durch die sechs Spuren wälzt. Auf den Grünstreifen hat ein Künstler ein paar Würfel und Rohre gestellt und rot angemalt. Nennen wir es »gescheitertes Wohnungsbauprogramm«. Niemand flaniert hier. Warum auch.

»Keine Cafés, keine Geschäfte, keine Parkplätze, keine Atmosphäre«, faßt der Friedrichshainer Baustadtrat Gerd Hannemann zusammen. »Insgesamt zu grau.« Hannemann, der seit 1977 »hier gleich um die Ecke« wohnt, hat die Allee nach anfänglichen Aversionen (»die waren aber eindeutig politisch motiviert«) nunmehr »richtig liebgewonnen«. Das sei keine Stalinarchitektur, vielmehr entdecke man sehr viel deutschen Klassizismus, wenn man genau hinschaue. Das ganze müsse jetzt »vitalisiert« werden, wie es Hannemann nennt. Womit die geschäftstüchtige Seele in Hannemanns Brust seine schöngeistige backpfeift. »Ich will ein lebendes Denkmal«, beschwört er, »und keine Museumsinsel. Das ist die Konsequenz der Hauptstadt. Ansonsten kann der Landeskonservator vor und hinter der Karl-Marx-Allee ein Seil spannen und Eintritt kassieren.« Da das nun offensichtlich keine Lösung ist, möchte Hannemann in der Erdgeschoßzone gerne gläserne Vorbauten vor die Fassaden setzen, damit man auch im Winter draußen sitzen kann, er möchte Parkplätze schaffen, gute Geschäfte und Restaurants locken und Leuchtreklamen anbringen. »Die Straße«, philosophiert der Baustadtrat, »muß flimmern.« Vor allem damit rasselt er ziemlich intensiv mit den gestrengen Denkmalschützern zusammen.

»Ich will kein Las Vegas«, gesteht er zu, »aber ich will auch keine Schlafstadt.« Zugeständnisse macht Hannemann in der Art zu werben. »Nicht so was Klotziges, eher filigran.« Wobei er schon ziemlich genaue Vorstellungen hat. »Der Kranich der Lufthansa käme in Frage, der Mercedes-Stern ginge auch, aber die Commerzbank muß sich eindeutig was Geschmackvolleres einfallen lassen.« Dem Mann sitzen die Kosten im Nacken. Am Haus Nr. 132 exerzierte man durch, was die Fassadenrekonstruktion der Allee kosten würde. Als Hannemann das Ergebnis hörte, wäre er fast umgefallen. »Gigantisch, sage ich Ihnen.« Allein die Fliesen für einen großen Giebel würden demnach eine Million Mark kosten. Nur das Material wohlgemerkt.

Es soll ja auch ganz genau so werden wie früher. »Wir können da nicht irgendwelche in Großproduktion hergestellten Fliesen ranklatschen«, hält

Bezirksdenkmalpflegerin Manuela Limmer fest. »Wenn die alle gleich sind, sieht die Straße später aus wie eine riesengroße Toilette.« Also versucht man, die verschiedenartige Färbung, die damals durch die Einzelfertigung entstand, nachzuvollziehen. Und das kostet. Entschieden fegt die Denkmalpflegerin Hannemanns Illusion der Glasvorbauten vom Tisch. »Lehnen wir ab.« Auch eine Leuchtreklame auf dem Kuppelbau am Frankfurter Tor kommt, wenn es nach ihr geht, nicht in Frage. »Werbung soll nur an der Stätte der Leistung zugelassen werden«, erklärt sie. Einzige Ausnahmen werden die Türme am Strausberger Platz und das ehemalige Haus des Kindes sein, »auf dem wahrscheinlich Coca Cola stehen wird«. Gewarnt ist die Denkmalpflegerin durch das Vorpreschen einiger Schnellschützen in der rechtsfreien Zeit. »Die Commerzbank hat ihre Klötze in einer Nacht-und-Nebelaktion am Restaurant Bukarest aufgehängt. Da können wir heute gar nichts mehr machen.«

Völlig einig ist sie sich mit ihrem Baustadtrat, daß der Name der Straße unangetastet bleibt. Stadtrat Hannemann (CDU) wartet mit einer überraschenden Argumentation auf. »Karl Marx ist für mich einer der größten Denker der deutschen Geschichte. Wenn ich den Namen verändere, müßte ich auch die deutsche Nationalhymne abschaffen.« Hannemann beschäftigt sich da lieber mit dem Naheliegenden. Eine Begrünungskonzeption für die Allee steht kurz vorm Abschluß. Danach sollen Bäume nachgepflanzt werden (»Wir orientieren auf Linden.«) und der Parkplatz an der Ecke zur Straße der Pariser Kommune einem Gartenrestaurant weichen. Außerdem erteilte seine Behörde einem Formgestalter den Auftrag, speziell für die Allee eine sogenannte Straßenmöblierung (Telefonzellen, Fahrradständer, Litfaßsäulen) zu entwerfen. »Das refinanzieren wir über die Werbung.« Zudem werden demnächst die Atelierwohnungen in den oberen Etagen besucht. »Da dürfen nur Künstler drin wohnen.« Und die augenblicklich leerstehenden Kuppeln am Frankfurter Tor könnte sich Hannemann als Stätten zeitweiliger Workshops für bildende Künstler vorstellen.

Nur dem Verkehrschaos schaut er etwas ratlos zu. Wie Verkehrszählungen ergaben, ist die Karl-Marx-Allee die mit Abstand meistbefahrene Straße Berlins. »Vielleicht«, rätselt der Baustadtrat, »sperren wir einfach eine Fahrspur. Da hätten wir auch gleich die nötigen Parkflächen.« Wo der Verkehr in den Nordosten dann abfließen sollte, weiß er auch nicht so richtig. »Möglicherweise lassen die Bürger ja ihre Autos zu Hause stehen«, bemerkt er etwas blauäugig.

Die alleinstehende alte Frau, die seit drei Jahrzehnten in der Allee zu Hause ist, würde den Verkehr in Kauf nehmen. Wenn sie nur weiterwüßte. Sie hat jetzt mal durchgerechnet, was ihr übrigbleibt, wenn sie die Miete von ihrer Rente abzieht und das Wohngeld hinzuzählt. Es sind knappe 300 Mark. Sie wird mal versuchen, ob sie damit zurechtkommt. Aber insgeheim überlegt sie schon, von welchen Möbeln sie sich trennt, wenn sie aus ihrer Zwei- in eine Einzimmerwohnung umziehen muß. Sie hängt doch so an den alten Sachen.

Die Denkmalpflegerin Limmer zuckt mit den Schultern. »Ich bin für die Gebäude verantwortlich und nicht für deren Bewohner.« Gerd Hannemann weiß auch nicht weiter. Aber es schmerzt. »Das waren doch nicht nur die Bonzen, die hier gewohnt haben. Sondern vor allem die einfachen Arbeiter, die die Wohnungen bekommen haben, weil sie fleißig waren«, erzählt er. Er weiß, daß die Leute hier ihre Kinder großgezogen haben, daß sie an der

Gegend hängen. »Wir werden viele kleine Wohnungen bauen in den neuen Häusern, die hier entstehen. Vielleicht ist das eine Alternative für die alten Menschen.« Wenn es dann nicht schon zu spät ist.

»Die Straße«, sagt Hannemann, »wird frühestens in zwanzig Jahren fertig sein.« Aus dem Fenster seines Arbeitszimmers kann man den Häusern der Karl-Marx-Allee auf die Rücken schauen. Sie sehen grau aus und schuppig.

29. Oktober 1991

Nennen wir es Mißgunst
Meerettich und Rindfleisch – Was bleibt von den Sorben nach der Nationalitätenpolitik?

Der Wirt ist einsneunzig und hat hundert Kilo. Sein Backenbart ist kunstvoll zurechtrasiert. Er mag 35 Jahre alt sein und etwas phlegmatisch. Gelassen tunkt er die Biertulpen ins Spülbecken, ruhig führt er die feuchten Handrücken über die Lederschürze. Sein Blick schleicht derweil träge durch die Gaststube und hakt kurz an den Fremden fest. Er taxiert sie unter halbgeöffneten Lidern. Der Wirt greift zum nächsten Tulpenpaar. Alles im Lindengarten ist derb. Die Tische, die Stühle, die Kundschaft und der Wirt. Es ist gut geheizt, Sülze mit Röstern kostet vierfünfzig, das Kleine einsdreißig, und überm Kachelofen hängen vier Grand Hand im Rahmen. Seit kurzem steht im Nebenraum ein Pool-Billard. Der Lindengarten ist eine Durchschnittskneipe in Bautzen. In der vorigen Woche gab's ein Vorkommnis.

Zwei alte Männer sprachen sorbisch. Der Wirt hat zwei Runden gewartet. Dann hat er die Gläser gefüllt und ist mit ihnen rüber zu den Alten gegangen. Er hat das Bier abgestellt, ihr dankbares Grunzen registriert und dann, schon beim Abdrehen, bemerkt: »Entweder Ihr sprecht deutsch, oder Ihr zahlt.« Ganz leise hat er es gesagt. Aber so, daß man wußte, er meint es so. Einer der Alten ist den langen Weg zur Theke gegangen. Er hat die Rechnung verlangt. So stolz war er noch. Natürlich haben sie auch kein Trinkgeld gegeben. Aber gegangen sind sie.

Bautzen ist die inoffizielle Hauptstadt der Sorben, jenes Volkes der Slawen, das es am weitesten nach Westen verschlagen hat. Niemand weiß, wie viele Sorben heute in der Stadt wohnen. Doch die sorbischen Verbände und Organisationen sitzen in Bautzen, das Nationalensemble probt hier, die Tageszeitung wird in Bautzen gemacht, und auch der sorbische Rundfunk hat hier sein Studio. Deshalb gilt Bautzen als Hauptstadt des kleinen Volkes. Sie nennen es Budysin. Die Straßen sind deutsch und sorbisch beschildert, Bautzen war zu DDR-Zeiten Hochburg deutsch-sorbischer Freundschaftsfestivals und ist wahrscheinlich die Stadt, in der Sorben und Deutsche am wenigsten miteinander auskommen.

»Sorbenhaß ist vielleicht nicht der richtige Begriff«, erklärt Axel Arlt, »aber wenn wir es denn mal so nennen wollen, dann konzentriert er sich schon in den Städten, in Bautzen besonders.« Arlt ist Redakteur der einzigen sorbischen Tageszeitung, die früher »nowa doba« genannt wurde und heute »serbske nowiny« heißt. Ab und an bekommt er Leserbriefe, in denen Sorben beschreiben, wie sie beschimpft werden, weil sie sich in ihrer Muttersprache unterhalten. »Soweit mir bekannt ist, kam es allerdings noch nicht zu Tätlichkeiten«, berichtet Arlt. »Gott sei Dank.« Das Wort »Sorbenhaß«, das er vorhin benutzt hat, bereitet ihm doch etwas Bauchweh. »Nennen wir es mal Mißgunst. Das trifft es besser«, korrigiert sich der Redakteur.

Am 23. März 1948 beschloß der damalige Sächsische Landtag in Dresden einstimmig das Gesetz zur Wahrung der Rechte der sorbischen Bevölkerung. Das kleine Volk, das sich im 6. Jahrhundert in der Lausitz niedergelassen hatte, mußte in den folgenden Jahrhunderten jede Menge Prügel einstekken. Zuletzt von den Nazis, die den Sorben Sprache und Tracht verboten. Das sollte nun anders werden. Der Ansatz war nicht schlecht. Wie so oft. Doch die Nationalitätenpolitik der SED wurde immer mehr zum Schlagwort, das zur passenden Gelegenheit hervorgekramt wurde, um es dem Klassenfeind über den Schädel zu hauen. Die Sorben mutierten zur Vorzeigeminorität und ihre Organisation, die Domowina, zum verlängerten Arm des Zentralkomitees. 1950 wurde der letzte Geistliche aus der Führungsetage der Organisation gedrängt, die doch eigentlich ein zutiefst religiöses Volk zu repräsentieren hatte. Und irgendwann wurden die Sorben »gleichberechtigte Mitgestalter der entwickelten sozialistischen Gesellschaft«. Nicht weniger. Aber auch nicht mehr.

Was allein kein Grund zur Mißgunst wäre. Nur entstand bei den deutschen Bautzenern durch die ständige Würdigung ihrer sorbischen Mitbürger auf die Dauer wohl der Eindruck, etwas ins Hintertreffen geraten zu sein. Sie übersahen dabei geflissentlich, daß die Sorben eigentlich nicht gewannen bei diesem Spiel. Sorbische Dörfer wurden von Kohlebaggern ebenso gnadenlos weggeschaufelt wie deutsche. Die Kultur verblaßte in dem Maße, wie die Nationalitätenpolitik verflachte. »Die haben doch alles vorn und hinten reingesteckt bekommen«, murrt der Mann am Bier. »Und jetzt geht das wieder los.«

Er meint die Millionen, von denen er gehört hat. Etwa 34 Millionen Mark tragen Bund und die Länder Brandenburg, Sachsen sowie die Stadt Bautzen jährlich für eine Stiftung zur Förderung der sorbischen Kultur zusammen. Über die Verwendung der Gelder kann die Stiftung, die noch an den Sächsischen Landtag angebunden ist, selbständig verfügen. Das steht jetzt fest.

34 Millionen Mark klingt viel in den Ohren des Mannes, der Sorgen hat, die Miete zu zahlen.

»Das haben natürlich viele wieder in den falschen Hals gekriegt«, stöhnt Bernhard Ziesch. Als ob der Hauptgeschäftsführer der Domowina nicht genug Probleme hat. Zunächst mußte er den schwer ramponierten Ruf seiner Organisation, die noch 1989 mehrfach ihre »unverbrüchliche Solidarität mit der Partei- und Staatsführung« bekundet hatte, notdürftig ausbeulen. Er mußte einen gewaltigen Mitgliederschwund wegstecken und den Kontakt zu den Kirchen wiederherstellen. Und jetzt, da er so halbwegs damit durch ist, melden sich wieder die Deutschen. »Die begreifen einfach nicht, daß 34 Millionen gar nicht so viel sind.« Er zählt die sorbischen Schulen, Gymnasien, den Buchverlag, das Museum, das Nationalensemble, die Zeitschriften und den Rundfunksender auf, die allesamt mit diesen Mitteln subventioniert werden. »Irgend so ein Spinner«, ärgert sich Ziesch, »hat sogar ausgerechnet, daß jeder Sorbe 500 Mark bekommen würde, wenn man das Geld gleichmäßig verteilt. Die Zeitungen haben diesen Blödsinn natürlich eifrig gedruckt.« Die Domowina selbst, die er mittlerweile als Dachverband für sorbische Vereinigungen, Chöre, Religionsgruppen und neun Regionalverbände über die Zeit gerettet hat, beantragte drei Millionen bei der Stiftung. Damit renoviert man unter anderem das »Haus der Sorben«, einen Backsteinbau in der Bautzener Altstadt.

Ziesch residiert in dem eindeutig überdimensionierten Zimmer seiner Vorgänger. Sitzgruppe, Lackschrankwand, Schreibtischklotz, Volkskunst. Und in seinem Anzug fühlt sich der vollbärtige Riese offensichtlich auch nicht wohl. Nur, weil er Sorbe mit Leib und Seele ist, hat er sich das Zimmer, den Anzug und was noch so dran hängt aufgehalst. Auf der Rückseite seiner Visitenkarte steht Cyz statt Ziesch. Daß er deutsch spricht, ist eher die Ausnahme. Wenn er von einer »richtigen Sorbenhochzeit mit hundert Gästen und Rindfleisch mit Meerrettich« erzählt, glänzen seine Augen. Ansonsten macht er sich Sorgen. Über die Stiftung, die Jugend, die Deutschen und überhaupt.

Daß er mit seinen Kindern nur sorbisch spricht, ist die eine Sache. »Aber es gibt schon sorbische Jugendliche, die ihre Herkunft verleugnen. Das ist schlimm.« Vor Pogromen hat Ziesch keine Angst. »Es gibt Leute, die sagen: ›Wenn wir mit den Ausländern fertig sind, kommen die Sorben dran!‹ Damit müssen wir leben.« Wichtiger ist ihm, daß die Sorben ihr Selbstbewußtsein wiederbekommen. Wir stehen zwischen Farbtöpfen, Zementsäcken und Möbelstücken, die mit dem reichen Fundus an DDR-, FDJ- und Arbeiterfahnen des Sorbenhauses abgedeckt sind. Und Ziesch überlegt, ob er seinen Ministerpräsidenten ins Spiel bringen sollte. Er tut es schließlich. »Der Herr Biedenkopf hat uns da auch keinen guten Dienst erwiesen«, bemerkt er schüchtern. Biedenkopf hatte in einer Rede fallengelassen, daß die Sorben im »Gastland Sachsen« freie Entfaltungsmöglichkeiten hätten. »Wir leben hier weit länger als die Sachsen«, erklärt der Domowina-Chef Ziesch. »Wir fühlen uns demzufolge keineswegs als Gäste.« Ansonsten, betont er emsig, gäbe es nur Gutes über den Ministerpräsidenten zu berichten. »Man sollte ihm sagen, daß er in diesem Punkt vorsichtiger sein muß«, bemerkt Ziesch zu Biedenkopfs Ausrutscher. »Aber«, berücksichtigt der Domowina-Chef den Proporz, »die Anke Fuchs hat im Wahlkampf auch ein paarmal ziemlich danebengehauen, was die Sorben angeht.«

Wer ist schon Biedenkopf? In Radibor zählt der Pfarrer und nicht der Ministerpräsident. Radibor ist ein kleiner Ort im Herzen der Lausitz, unweit fließt die noch schlanke und saubere Spree. 800 Einwohner gibt es, eine Kneipe, eine Fleischerei, einen Bäcker und drei Kirchen. Gepredigt und gesungen wird sorbisch, und auch der Heiland streckt sich unter sorbischen Worten am Kreuz. Radibor braucht keine Nationalitätenpolitik. Die hundert Deutschen, die hier leben, können zumeist sorbisch, und die Sorben sprechen auch deutsch. Auf dem Friedhof liegen die Ruz' neben den Müllers. Und an der Bäckerei steht Bäckerei. Bautzen ist weit weg.

»Wir haben keine Zwietracht hier«, erklärt Jan Zschornack. Stockend rumpelt das Deutsch über seine Lippen. Es ist eine Fremdsprache für ihn. »Wir müssen doch zusammenleben«, meint er. Das sei schon immer so gewesen. Auch in der Nazizeit, als sie ihnen alles Sorbische verbieten wollten. »Wir haben immer sorbisch gesungen in der Messe«, erinnert sich der 76jährige Mann aus Radibor. Er hat sich nie von irgend jemandem vereinnahmen lassen, meint der Alte. »Nicht von Genossen und auch nicht von den Neuen.« Das Wort »Vorzeigeminorität« kennt er nicht. »Ich bin Sorbe«, sagt er. »Das ist alles.«

An der Bushaltestelle verwittert ein Plakat. »Oskar je mi sympatiski. Wolu SPD« steht drauf. Was soviel heißt wie »Oskar ist mir sympathisch. Wählt SPD.« Auf sorbisch.

1. November 1991

Messer im Ranzen
Die vergessenen Kinder auf den Straßen von Hellersdorf

Immer ist Wind. Er streicht durch die breiten Straßen und fegt über die Freiflächen. Er rüttelt an den Haustüren, zwängt sich durch undichte Fensterläden und bläst den Unrat durch die Höfe. Im Winter schneidet, im Sommer klebt er. Der Wind wohnt in Hellersdorf. Er hat viel Platz hier. Die Leute im Neubauviertel nehmen ihn kaum noch zur Kenntnis. Doch er zerrt an ihren Nerven. Wie fast alles in Hellersdorf.

Es ist kalt heute morgen, und die Vietnamesen vor der Kaufhalle schlagen die Kragen ihrer Anoracks hoch. Sie reiben ihre klammen Hände über der kargen Auslage des halben Dutzend Zigarettenstangen. Wenn ein Passant an ihnen vorbeitrottet, legen sie ein müdes Lächeln in ihr frierendes Gesicht. Gelegentlich schauen sie rüber zur Schule. Sie denken an die Pausenzeiten. Und daran, daß man sich in jüngster Zeit nicht mehr so richtig auf sie verlassen kann. Seit einige Schüler das Klingeln zum Unterricht einen Dreck schert. Das macht die Sache schwierig. Für die Vietnamesen.

Michael, der die 8. Klasse der 4. Hellersdorfer Gesamtschule besucht, beschreibt es so: »Also, ich bin nicht so einer, der gleich zuschlägt. Ich geh' hin und frag' den Fidschi nach einer Zigarette. Wenn er mir dann eine Schachtel gibt, ist es gut. Wenn nicht, warte ich. Wenn immer noch nichts passiert, kann ich auch nichts dafür. Also, dann nehmen wir uns die Kippen eben. Wir schreien dann immer ›Dreck muß weg‹ und verschwinden. Manchmal müssen wir ein Messer zeigen, meistens reicht die Faust. Was sollen wir denn machen. Kaufen können wir uns die Zigaretten ja schlecht. Ohne Geld.«

Michael ist mit 16 schon recht alt für die 8. Klasse. Er ist zweimal sitzengeblieben, groß und schlank, hat dunkle modern geschnittene Haare und eine Narbe über der rechten Augenbraue. Manchmal trägt er eine Brille. Er selbst bezeichnet sich als Rechten. »Genauer gesagt als Neonazi.« Das mit dem Zigarettenklauen, betont er, habe damit allerdings nichts zu tun. »Jedenfalls nicht direkt.« Michael ist Mitglied der Ordnungsgruppe seiner Schule.

In dieser Funktion half er den Lehrern am Freitag bei einer Taschenkontrolle. Mehrere Eltern hatten sich darüber beschwert, daß ihre Kinder mit Waffen bedroht worden seien, ein Mädchen war während der Hofpause mit einem Messer verletzt worden, einige Mütter hatten angekündigt, ihre Töchter unter diesen Umständen nicht mehr in die Schule zu schicken. Die Lehrer fahndeten, gemeinsam mit der Ordnungsgruppe, nach dem Messer im Tornister. Sie fanden nicht nur Messer. Innerhalb von zehn Minuten holten sie Fahrradketten, Wurfsterne, Schmetterlinge (rasiermesserähnliche Waffen), Schlagringe, Reizgasspraydosen und Selbstgebasteltes aus den Ranzen. Insgesamt über 50 Waffen. »Da hab' sogar ich einen Schreck gekriegt«, gesteht Michael.

Seinem Direktor ging es nicht anders. Gequält zieht Mathias Morgenstern eine breite Schublade aus der Direktorenschrankwand. »Da bitte. Und das ist bei weitem nicht alles.« Die Wurfsterne liegen in dem Fach wie Weihnachtsplätzchen. Der Mann hat genug am Hals. Er unterrichtet Mathematik und Physik und leitet nebenbei eine Schule. Oder andersrum. Morgenstern sieht müde aus. Er wartet auf die versprochene Ablösung als Direktor. »Wissen Sie, ich bin erst 30 Jahre alt. Da hat man doch noch nicht genügend Erfahrung, um eine Schule zu leiten.« Er gibt sich Mühe. Doch die Schule macht es ihm nicht leicht.

750 Schüler lernen an der 4. Hellersdorfer Gesamtschule. Zehn 7. Klassen, zehn 8., drei 9. und zwei 10. Real- und Hauptschüler unter einem Dach, viele Sitzenbleiber dabei. Eine Gymnasialstufe gibt es nicht. »Viele unserer Schüler haben sich abgeschrieben«, erklärt Direktor Morgenstern. »Sie sehen den Arbeitsmarkt, sie sehen diese graue trostlose, lebensverneinende Umgebung hier in Hellersdorf. Es gibt keine Jugendklubs, ja nicht mal ein Kino. Wie soll man die motivieren. Ich darf gar nicht an die kommenden Jahre denken. Was glauben Sie, was in diesem Stadtbezirk an Jugend nachwächst. Wir haben ja jetzt schon zehn 7. Klassen. Wenn man denen keine Perspektive bietet, wird es schlimm.« Und Michael, sein Schüler aus der 8. Klasse, bemerkt: »Über die Hälfte der Schüler bei uns sind Rechte. Der Rest ist neutral.«

In der Hofpause treten sie mir den Beweis an. Schlaksige Jungs mit brechenden Stimmen und bunten Klamotten. Keine drögdösigen Augen unterm kahlgeschorenen Schädel. Sie versuchen, mir die Lage zu erklären. »Also, in Hellersdorf gibt's vor allem Rechte«, rechnet ein Junge aus der 9. Klasse vor. »Wir sammeln uns in den Gangs und klatschen Peacer auf, also Linke, oder Fidschis oder Bullen. Je nachdem.« »Dann«, ergänzt ein anderer, »sind da noch die Neutralen. Die kriegen von allen auf die Schnauze.« Jemand berichtet stolz, daß er kürzlich einen Polizeiknüppel »über die Rübe« bekommen habe. »Wat denn, einen

80er«, fragt ein anderer fachmännisch. »Ja, ick gloobe, et war een 80er.« Um Himmels willen. Sie reden sich in Stimmung. Das Buhlen beginnt. Wer die größte Schnauze hat, gewinnt. »Ej, der will wissen, wo wir die Fidschis aufklatschen, ick lach mich tot. Vor der Halle, Mann.« »Das Gute an Hellersdorf?« wiederholt jemand meine Frage, um dann rauszubölken: »Na, daß es keine Türken gibt, Mann.« Es ist nichts mehr zu machen. »Bei uns gibt's keine Gewalt an der Schule«, wiehert jemand, »wir wissen ja gar nicht, wen wir verprügeln sollen. Hier gibt's nämlich nur Rechte.« Die Gesichter sind nicht mehr zu unterscheiden. Ein Brei dümmlich grinsender Kinderköpfe. »Wir hatten bloß ein paar kleinere Verletzungen«, höre ich noch aus der zufriedenen Masse. »Ein paar gebrochene Nasenbeine, ein paar rausgeschlagene Zähne, jede Menge blaue Augen, gebrochene Fingerchen...«

Der Hellersdorfer Bildungsbezirksstadtrat sollte einen guten Überblick haben. Werner Riedel hat sich sein Büro in der 11. Etage des Bezirksamtstowers von Hellersdorf eingerichtet. Die Autos sehen klein aus von hier oben, die Zentralheizung bullert. »Die Medien«, stimmt mich der Bezirksstadtrat ein, »sehen Hellersdorf beim Thema Gewalt unter Jugendlichen gern an der Spitze des Eisberges. So sehe ich das nicht.« Der schwergewichtige Mann versucht, sich ein wenig im Stuhl zu bewegen. »Natürlich gibt es auch an unseren Schulen gewisse Formen von Aggressivität«, räumt Riedel ein.

Weswegen er aufs Gespräch setze. Man müsse sich dem Problemkreis öffnen. »Aber natürlich nicht mit dem Holzhammer.« Er berichtet von zwei Wochenendseminaren, die er im nächsten Jahr organisieren will, von der Frage der Gewalt, die man weiter fassen müsse und viel von »Befindlichkeit«. Nur dürfe man nichts übers Knie brechen. Und er sei kein Sozialpädagoge. Riedels Augen schauen besorgt-beruhigend. Den »Nicht-schön-aber-keinen-Grund-zur-Panik«-Blick. Riedel ist FDP-Bezirksstadtrat, der einzige, wie er einflicht, und er will es bleiben. Morgens kommt er aus Prenzlauer Berg hierher, und abends fährt er nach Prenzlauer Berg zurück. Riedel versteht das alles nicht. »Ich weiß auch nicht, was mit den jungen Leuten los ist«, bemerkt er großväterlich. »Wir haben uns doch früher auch beschäftigt. Wir sind Fahrrad gefahren oder so.« Tja, die gute alte Zeit. Ich muß an die gebrochenen Nasenbeine denken und frage nach Fällen von Körperverletzung an Hellersdorfer Schulen. »Nein«, antwortet der Bezirksstadtrat. »Hatten wir eigentlich nicht.« Was meint er mit »eigentlich«? Wir lassen ihn in seinem Turm zurück und gehen in den Wind.

Die Lehrer sind überarbeitet, die Eltern bekommen kaum ihre eigenen Probleme in den Griff, die Polizei registriert die Straftaten der Kinder, der zuständige Rat ist bemüht, nicht an der Spitze des Eisberges ertappt zu werden, und die Kirche erreicht die meisten Jugendlichen nicht. »Zu uns in die Christenlehre kommen doch vor allem Kinder aus intakten Familien«, bemerkt Pfarrer Petschelt traurig.

500 Meter vom Hochsitz des Bildungsbezirksstadtrates entfernt, spielt der Wind mit den Hüllen der Schokoriegel auf dem Schulhof. An der Turnhallenwand hat jemand vergeblich versucht, ein paar Hakenkreuze zu übertünchen. Die 10. Klasse hat Geschichte. Sie sollen etwas zum Thema Sozialdemokratie und Nationalsozialismus zu Papier bringen. Gelangweilt dösen die meisten in ihren Bänken. Es interessiert sie nicht. Die Lehrerin sam-

melt schließlich einen Stapel kaum beschriebener Blätter zusammen und verspricht, in der nächsten Stunde dazu eine Diskussion zu »entfachen«. Entfachen. Die arme Frau. Auf meiner Bank steht »Advent, Advent, ein Türke brennt. Erst der Arm, dann das Bein, dann brennt das ganze Türkenschwein«. Die Schüler beraten sich mit der Lehrerin noch kurz über das Ziel ihrer Klassenfahrt. Man entscheidet sich für Holland. Dann toben sie aus dem Raum auf die Straße.

Nur Ralph bleibt. »Kommen Sie mal mit«, bittet er mich verlegen-cool. »Damit Sie mal sehen, daß wir nicht nur Scheiße bauen.« Er führt mich runter in den Keller, aus dem er und ein paar Mitschüler einen Klubraum machen wollen. Sie haben eine Bar gezimmert, die kahlen Wände mit Stoffbahnen bespannt und eine Lichtanlage gebastelt. »Hier kann ich bis sechs bleiben«, sagt der 15jährige, »dann muß ich raus«. Auch Ralph sieht sich rechts, wenn auch »nicht so heavy«. Aber die Ausländer haßt er schon. Die Jungs dagegen seien »wie eine große Familie«. Als seine Eltern sich scheiden ließen, ist der Junge mit seiner Mutter rausgezogen nach Hellersdorf. Das war vor drei Jahren. Jetzt ist er fünfzehn und weiß nicht, was er werden soll. Er kennt seine Zensuren. Vielleicht Zimmermann, beworben hat er sich noch nicht.

Die Entscheidung für Holland macht Ralph traurig. Er wäre lieber in die CSFR gefahren. Wegen des Preises. Die 239 Mark für Holland kann ihm seine Mutter nicht geben, glaubt Ralph. Das sei zuviel.

10. Dezember 1991

Ein ganz kurzes Dunkel
Das unspektakuläre Ende eines Fernsehsenders

Mein Sohn wußte es schon immer besser. Er war vier, als er mitteilte: »Ich finde Erich Honecker doof.« Von mir konnte er das nicht haben und aus dem Kindergarten wohl auch nicht. Warum also mochte er den Mann nicht? Die Erklärung lag auf der Hand. »Die Filme mit dem sind immer so langweilig.« Das war 1988, und er mußte die »Filme« mit Honecker, die das DDR-Fernsehen nimmermüde drehte, nicht mehr lange ertragen. Es gab noch ein paar kürzere Filme mit Egon Krenz, und dann war Schluß. Von Stund an drehte das Ostfernsehen, das nunmehr wieder Fernsehfunk hieß, vor allem Filme über die Wirklichkeit. Zwei Jahre lang. Es kämpfte unerbittlich gegen seine Vergangenheit an. Es schaffte, daß die Leute ihm wieder zusahen. Doch die eifrigen Fernsehmacher schafften nicht, daß man ihnen verzieh.

Sie nannten es Cockpit. Und wie Wandlitz nicht einer Lustburg von Diktatoren glich, so wenig ähnelt der schmucklose Raum dem Herz einer mächtigen Nachrichtenzentrale. Hier also wurde die »Aktuelle Kamera« zusammengestrickt. Ein hufeisenförmiger Tisch beugt sich um eine Monitorwand. Vier der zehn Bildschirme flackern, über ihnen ticken zwei rustikale Bahnhofsuhren die mitteleuropäische Zeit. Hinter den staubigen Scheiben einer Glasvitrine zerfällt ein Dutzend Bücher. Ein zerfleddertes »Wörterbuch der deutschen Aussprache« ist dabei und zwei zerlesene deutsch-russische Wörterbücher. Im Rücken der Cockpit-Redakteure spuckt der Fernschreiber Neuigkeiten, an ihrer Seite vergilben zwei Landkarten. Links die der DDR und rechts die der Erde, politische Übersicht. Auf der Weltkarte gibt es noch die Sowjetunion als gigantischen rosaroten Klumpen, und auch der kleine hellblaue Fleck neben der Bundesrepublik ist noch da. Mitten in dieses himmelblaue Herz der Welt hat jemand ein schwarzes Kreuz gemalt. Damals, als die DDR starb und ihr Fernsehen noch weiterleben durfte.

Damals war Manfred Pohl Chefredakteur der »Aktuellen Kamera«, ihr letzter. »Wir hatten nach der Wende Einschaltquoten über 60 Prozent«, schwärmt er. »Einfach traumhaft.« Und vorher? »Tja«, sagt der ehemalige Auslandskorrespondent, »die Quoten waren top secret. Aber viel dürfte es nicht gewesen sein.« Und dann erzählt er, was wir alle erzählen. Man habe ja schon immer versucht, die Grenzen auszureizen. So sei es auch schon vor der Wende gelungen, Nachrichtensendungen zu machen, die sich nicht hinter der Tagesschau verstecken brauchten. Selten und teilweise. »Zum Beispiel, wenn Honecker in Urlaub war.« Es ist einfach lächerlich.

Das sagenumwobene Telefon steht noch unter Pohls Schreibtisch. Es ist abgeklemmt und verstaubt. Als es noch glänzte, haben sich dort manchmal Joachim Herrmann oder andere Agitatoren gemeldet, um in die Nachrichtenfolge einzugreifen. »Doch das war eher die Ausnahme«, erinnert sich Pohl lächelnd. In der Regel ist Herrmann, Geggel und Langguth der Gehorsam der Redakteure zuvorgekommen.

Auf einem der Bildschirme spult sich das Mittagsmagazin ab. Eines der letzten. Eine Frau begründet eben, warum sie nach Polen fährt, um einzukaufen. »Den Beitrag«, stöhnt Manfred Pohl, »zeigen wir jetzt zum viertenmal.« »Ist ja auch ein guter«, entschuldigt sich Mittagsmagazinmacher Wolfgang Reuter. Dann ist wieder Ruhe auf der Brücke. Wer von den müden Commandern wird überleben? Beim MDR, ORB oder sonstwo. Viele wissen es selber nicht. Der mit der Brille, oder die Strickjacke da hinten? Ein Drittel wird wohl unterkommen. Der Stuhltanz ist im Gange. Der Moderator empfängt einen Studiogast, dann gibt's noch einen Film aus dem kaputten Erzgebirge und zum Schluß der Sendung einen Küchentip. Heute: Kartoffelpuffer.

»Natürlich pfeifen wir auf dem letzten Loch«, erklärt Wolfgang Reuter wenig später. Der Personalabbau war dramatisch, die Technik überlastet. Die Verbliebenen setzten ihre Moral dagegen, die sich aus Wut speist. »Die Freude, daß er den DFF gar nicht mehr abschalten muß, machen wir dem Mühlfenzl nicht«, faßt sie der Magazinchef in Worte.

Bei Reuter sickerte erst in den letzten Wochen so richtig durch, daß er raus ist aus dem Spiel: Als die Absagen aus Dresden und Potsdam kamen, hat er sich in die Arbeit verkrochen. »Durch die täglichen Sendungen«, sagt er bitter, »hat mir die Kraft gefehlt, alte Seilschaften auszunutzen.« Reuter klammert sich an »die schönsten zwei Jahre meines Lebens«, richtet sich daran auf, »daß man so unabhängig und risikoreich nie wieder arbeiten kann«. An jenem Dezemberabend feierten er und seine Kollegen des Mittagsmagazins eine kleine Abschiedsparty in einer Gartenkneipe. »Ich werde schnell trinken«, sagte Reuter, bevor er losging. »Damit es wirkt.«

Adlershof verwest. Die Parkplätze sind leer, und

in den Ställen stehen ausgeschlachtete Ü-Wagen. Die Menschen tragen Laufzettel. Sie haben der Leitung des Hauses ein warmes Mittagessen bis zum Schluß abgetrotzt. Wenigstens das. Zwei Drittel von 9000 sind immer noch 2000. In den Archiven stapelt ihr Vermächtnis der vergangenen 39 Jahre. Vieles davon wird zusammen mit bereits angefangenen Fernsehproduktionen und Filmlizenzen, die noch nicht abgelaufen sind, als Programmvermögen in die neuen Anstalten übergehen.

»Aber der DFF wird dennoch nicht weiterleben«, behauptet der stellvertretende Programmdirektor Karl-Heinz Hochneder trotzig. »Es war eine politische Entscheidung, ihn sterben zu lassen. Und er wird sterben.« Der 61jährige hat sein Arbeitsleben in Adlershof gelebt. Und er weiß, daß es mit beiden zu Ende geht. Es ist eine stille Wut, die der alte Fernsehmann hat. Vor ihm stehen drei Colortron-Fernseher. Einer dudelt ZDF, einer ARD und der dritte den Deutschen Fernsehfunk. Der DFF-Monitor steht oben auf den anderen beiden. Viel mehr Genugtuung bleibt Hochneder nicht. Die letzte Programmänderung führte er am 26. November aus. Der Programmvize schreibt Beurteilungen, zeichnet Laufzettel ab und wartet, daß der obere seiner drei Bildschirme schwarz wird.

Da ist sein Chef, der schneidige Programmdirektor Wolfgang Vietze, schon aus anderem Holz. »Unsere Aufgabe bleibt«, diktiert der Beamte, »die Programmrealisierung zu gewährleisten. Bis zur letzten Sendeminute.« Wobei er davon ausgehen kann, daß seiner letzten Sendeminute sofort seine erste folgen wird. Vietze pendelte bereits in den letzten Wochen zwischen Adlershof und Dresden und wird sich ab Januar ganz bei der Programmplanung des Mitteldeutschen Rundfunks niederlassen. Folgerichtig orientiert der langjährige DDR-

Fernsehleitungskader, »auch wenn es nicht leichtfällt«, auf den Blick nach vorn. Wenn beim DFF das Licht ausgeht, steigen sofort der MDR und der ORB ein. Auf derselben Frequenz. »Bei uns werden etwa drei Minuten die Glocken der Nikolaikirche Leipzig läuten, und dann gibt es eine selbst produzierte Neujahrsshow.« Mittlerweile haben Vietze und seine sächsischen Kollegen bereits bis zur sechsten Fernsehwoche 1992 geplant.

Dennoch geht mit dem DFF auch Wolfgang Vietze »ein Stück Identität« verloren. Damit es nicht ganz so schlimm wird, sicherte sich seine Anstalt noch ein paar Schmeckerchen aus der Erbmasse. Die »Umschau«, sicher mit anderem Namen, wird es weiter geben, ein paar Kulturmagazine, den »Kessel« natürlich, »Außenseiter-Spitzenreiter«, »Schätzen Sie mal«, in Kooperation mit dem ORB auch die »Flimmerstunde« und andere Kindersendungen. Die Zukunft des Sandmanns ist bislang noch ungewiß. Auch eine Art Montagabendfilm wird wieder gezeigt, und unglückseligerweise glauben die Programmacher, fürderhin nicht ohne »Achims Hitparade« und die verunglückte Pech-Show auskommen zu können. Wolfgang Vietze indes beschäftigt der heroische Gedanke, mit dem MDR eine Anstalt aus dem Boden zu stampfen, »die zwischen Kiel und Bodensee mit nichts vergleichbar ist«. Wobei ihn ein wenig Pioniergeist umweht.

Die Gedanken, die der junge Moderator Gerald Meyer mit den neuen Anstalten verbindet, fallen etwas nüchterner aus. »Beim ORB tragen sie gefärbte Windeln um den Hals, beim MDR Krawattennadeln, die einen sind rot, die anderen schwarz. Ihre Methoden sind die gleichen.« Die Konkurrenz, meint er, sei schlimmer geworden. Das Anbiedern geht wieder los. Stühle werden hingestellt und weggezogen. Und immer lächeln, wenn die rote Lampe brennt, schließlich ist man beim Fernsehen. »In den letzten Wochen traute hier keiner mehr dem anderen«, hält der Jungmoderator fest. »Leute, die sich früher geduzt haben, wählen plötzlich wieder das ›Sie‹, und wenn man sich beim Vorsprechen trifft, darf man das ja nicht weitersagen.« Grüß Dich, aber halt die Klappe. Bei einem dieser Sprechertests lernte Meyer auch die Worte kennen, mit denen der Mitteldeutsche Rundfunk in der Neujahrsnacht sein Programm startet: »Sie sehen also, wenn das Feuerwerk verlischt, geht's bei uns, dem MDR, erst richtig los.« Wer das am besten rüberkriegt, hat gute Karten. Am besten heißt: Lächeln ohne Wehmut.

Deswegen wird Meyer nicht vorm Fernseher sitzen, wenn ab- und wieder zugeschaltet wird, heute nacht. »Das wär mir zu verlogen.« Mittagsmagazinmacher Reuter dagegen wird dabeisein, wenn's ans Sterben geht. Programmchef Vietze ebenfalls: »Vielleicht in Dresden, vielleicht in Berlin.« Pohl, der Nachrichtenfuchs, wird nach der letzten Live-Sendung, »Aktuell«, mit den Kollegen auf dem Sender noch ein Gläschen Sekt trinken.

»Dann werde ich dafür sorgen, daß die Leute so schnell wie möglich rauskommen. Damit nicht irgend jemand noch etwas tut, was ihm ein Leben lang anhängt.« Pohl denkt da an »Demolieren oder so was«. Man weiß ja nie. Hochneder, der alte Mann aus der Programmdirektion, wird zu Hause sitzen. Er weiß, was passiert, wenn es dunkel wird. »Man braucht nur einen Regler herunterzuschieben. So, als würde man eine Sendung ausblenden. Nur, daß es diesmal eben ein ganzer Sender ist.«

Das ist alles. Ein Regler und aus. Das Ende wurde bereits aufgezeichnet. Das Fernsehballett wird eine stilisierte Uhr tanzen. Ein Countdown aus langen Beinen. Wenn er abgelaufen ist, wird es kurz dunkel werden. Dann wird ein Teil von Hochneder und vielen hundert anderen Fernsehleuten sterben. Wer weiß, vielleicht läuft der Film dann noch mal ganz schnell an ihnen vorbei. Willi Schwabe steigt ein letztes Mal die Rumpelkammertreppe hoch, Herr Fuchs meckert, Rolf Herricht stellt sich dumm, Heinz-Florian Oertel bejubelt Täves Ankunft, Klaus Feldmann, Lutz Jahoda und Gerd E. Schäfer hasten am Auge vorbei, Agnes Kraus natürlich und die ganze Schwankmannschaft. Und ganz hinten im Dunkeln, man erinnert sich ja immer nur an das Gute, lauern der scheinheilige Ponesky, der geifernde Schnitzler und der langweilige Honecker. Bis dann, woanders, ein Regler hochgezogen wird und ein Lächeln erscheint.

31. Dezember 1991

Die Deutsche Bibliothek – CIP-Einheitsaufnahme

Osang, Alexander:
Das Jahr eins : Berichte aus der neuen Welt der Deutschen /
Alexander Osang. – Berlin : Verl. Volk und Welt, 1992
  ISBN 3-353-00898-5

Copyright © 1992 by Verlag Volk und Welt GmbH, Berlin.
Alle Rechte der Verbreitung, auch durch Film, Funk und Fernsehen, fotomechanische Wiedergabe, Bild- und Tonträger jeder Art, auszugsweisen Nachdruck oder Einspeicherung und Rückgewinnung in Datenverarbeitungsanlagen aller Art, sind vorbehalten.
Lektorat: Reinhard Lehmann
Einbandgestaltung: Lothar Reher
Gesetzt aus der Versailles, Linotype
Satz: deutsch-türkischer fotosatz, Berlin
Druck- und Bindearbeiten: Graphischer Großbetrieb Pößneck GmbH
Ein Mohndruck Betrieb
Printed in Germany
ISBN 3-353-00898-5

*»Eine zeitgeschichtliche
Bestandsaufnahme von bereits jetzt
historischer Dimension.«*
　　　　　　　　　　　Stuttgarter Zeitung

Neue Porträts in Frage und Antwort
Günter Gaus im Gespräch
mit Heinrich Fink, Wolfgang Thierse,
Volker Braun, Hans-Jochen Vogel,
Wolfgang Ullmann, Steffi Spira,
Regine Hildebrandt, Angela Merkel,
Joachim Gauck und Hans Bentzien
240 Seiten · »Report« · DM 18,00
ISBN 3-353-00891-8

Günter Gaus im Gespräch mit Menschen, die
»Geschichte erlebt, bewegt und erlitten« haben.
Diese zehn Fernsehinterviews der TV-Reihe »Zur
Person« sind Momentaufnahmen mitten im Fluß
des Geschehens, nachdenkens- und nachlesenswert.

Verlag Volk & Welt Berlin

Chronik einer Zeitenwende. Das Tagebuch eines Diplomaten, der hinhörte und hinsah, als »das Land ein anderes wurde.«

Alonso Álvarez de Toledo
Nachrichten aus einem Land, das niemals existierte

Tagebuch des letzten spanischen Botschafters in der DDR
Aus dem Spanischen von Eva Schewe · Autorisierte Übersetzung · 276 Seiten · Gebunden mit Schutzumschlag · DM 39,80
ISBN 3-353-00879-9

Als »friedliche Revolution« gingen sie in die Geschichte ein – die Tage des Herbstes und Winters 1989/90. Alonso Álvarez de Toledo, der letzte spanische Botschafter in der DDR, hat die mitreißenden Ereignisse in seinem Tagebuch festgehalten: Vom Polizeiterror des 7. Oktober über die Gespräche am Runden Tisch bis zum initiierten Sturm auf die Stasi-Zentrale. Seine Notizen sind Zeitgeschichte, aufgeschrieben aus der Sicht des neutralen Beobachters, der zugleich brillant erzählen kann.

Verlag Volk & Welt Berlin

»*Das literarische Moskau heute ist ohne seinen* ›*König vom Arbat*‹ *nicht vorstellbar.*« Berliner Zeitung

Bulat Okudshawa
Frau meiner Träume

Wahre Geschichten · Aus dem Russischen von
Antje Leetz und Jürgen Schlenker · 176 Seiten ·
Gebunden mit Schutzumschlag · DM 29,80
ISBN 3-353-00876-4

In fünf autobiographischen Geschichten beschreibt Okudshawa Momentaufnahmen seiner Kindheit und Jugend in der Stalinzeit. Er erzählt, wie er die Rückkehr seiner Mutter aus zehnjähriger Lagerhaft erlebte, wie er mit anderen Halbwüchsigen »Spionageabwehr« spielte oder wie ihn ein KGB-Mitarbeiter anzuwerben versuchte. In einer Sprache von überzeugender Einfachheit formt der berühmte Moskauer Chansonnier und Schriftsteller ein ironisches, nahezu beschwingt wirkendes Bild, das einen Kosmos aus Tragik und Leid ahnen läßt.

Verlag Volk & Welt Berlin

*Obligat für Intellektuelle, die
in die Welt lesen.
Für Zeitmenschen, die wenig Zeit
für Romane haben.
Und für wache Geister, die gern
auch mal träumen:*

*ad libitum
Sammlung Zerstreuung*

Der Almanach für internationale Literatur

ad libitum ist das literarische Fadenkreuz zwischen Ost und West, Nord und Süd. Das kompetente Medium für Geschichten, Gedichte und Gedanken, für das Wichtige, Aktuelle, Schöne, das nicht überhört werden darf. ad libitum macht Sinn und Spaß. Jede Ausgabe bietet Literatur- und Augenschmaus, Sammlung und Zerstreuung – ganz nach Belieben.

Nr. 22	*Nr. 23*
Mit Zeichnugen von Kurt Halbritter und Texten u. a. von David Huddle Momo Kapor, Hanif Kureishi, George Orwell, Juri Rost, Tina Stroheker, Paul Valéry, John Updike Broschur · DM 10,00 ISBN 3-353-00815-2	Mit Zeichnungen von Elisabeth Kmölniger und Texten u. a. von Mark Helprin, Fjodor Abramow, Paul Bowles, Koji Nakano, Hannah Arendt, Georg Simmel, Christoph Hein Alain Nadaud, Oscar Wilde Broschur · DM 10,00 ISBN 3-353-00886-1

Verlag Volk & Welt Berlin